AF371237

ESSAI

SUR

LES LANGUES

EN GÉNÉRAL;

SUR

LA LANGUE FRANÇOISE

EN PARTICULIER,

Et sa progression depuis Charlemagne jusqu'à présent.

Par M. SABLIER.

A PARIS.

Chez MONORY, Libraire de S. A. S. Monseigneur
le Prince de Condé, rue & vis-à-vis l'ancienne
Comédie-Françoise.

M. DCC. LXXVII.

Avec Approbation, & Privilege du Roi.

ESSAI

SUR LES LANGUES.

INTRODUCTION.

Sɪ les anciens Peuples étoient *Autoch-tones*, c'est-à-dire, descendus de races nées dans la contrée qu'ils habitoient, comme quelques nations de l'Antiquité l'ont prétendu, la différence des Langues ne seroit point étonnante; mais dès qu'il est constaté que la population de toute la terre s'est faite par un seul homme, il faut en conclure qu'il n'y a eu qu'une seule langue primitive dont toutes les autres sont sorties.

Mais quelle étoit cette langue? Qui sont celles qui en sont dérivées? Dans quel temps se sont-elles formées? Quelle est la cause des différences que l'on remarque entr'elles, & de leur plus ou moins de ressemblance avec la langue primitive? N'y a-t-il eu, en effet, qu'une seule langue premiere? Ces questions ont occupé les Savans de tous les temps, & sur-tout depuis trois siecles. Chacun a fait là-dessus des systêmes d'après l'étendue de ſes connoiſſances, ſes préjugés nationaux & particuliers, & même ſa créance; car la Religion a été mêlée dans ces diſcuſſions.

Pluſieurs ſe ſont exercés ſur les étymologies & ſur les rapports particuliers qui ſe trouvent quelquefois entre des langues différentes. Il eſt curieux de voir quels efforts ils font, l'un pour tirer toutes les langues de l'Hébreu, celui-ci du Grec, cèt autre du Celtique. Si l'on en croit quelques-uns, tous les Peuples depuis la *Luſitanie* juſqu'à la *Norwege*, & depuis la *Norwege* juſqu'à la *Chine*, ont parlé le Celtique qui s'eſt réfugié, avec la dégradation ordinaire, dans la *Baſſe-Bretagne*, & dans la Province de *Galles* en *Angleterre.* Enfin les *Celtes* eux-mêmes, qui ne communiquoient point avec leurs voiſins, ont eu beſoin de la petite Colonie Grecque de Marſeille, pour donner des noms aux choſes les plus communes, comme s'ils ne les avoient pas eu dès l'origine de leur Langue.

Les Sauvages de l'Amérique ſeptentrionale appellent le Dieu de la guerre *Aresköi.* Les Grecs appelloient *Mars*, *Arès.* Donc, a-t-on dit, ces ſauvages avoient pris ce mot des Grecs, ou en étoient une Colonie.

Les Auteurs de toutes ces ſavantes

hypothefes ont négligé foigneufement la feule chofe qui pouvoit jetter du jour fur ces queftions ; je veux dire l'examen de l'influence des caufes phyfiques & morales, comme les modifications de l'organe de la parole, occafionnées par le climat, la maniere de vivre de chaque Peuple, les incurfions, les émigrations, les mélanges de différens peuples, leurs cultes religieux, &c. auffi eft-il réfulté de leurs travaux une obfcurité encore plus impénétrable. Ceux qui veulent étudier cette matiere, font non-feulement arrêtés à chaque inftant par la difficulté du fujet ; mais ils font encore obligés de difcuter les opinions différentes & contradictoires des Ecrivains qui l'ont traitée.

Je ne chercherai point à percer les ténébres qui enveloppent l'origine des Langues & toute l'Antiquité, fur-tout après tant d'Ecrivains qui ont travaillé à les épaiffir. Je fuis d'ailleurs bien convaincu que l'utilité des découvertes en ce genre, n'eft nullement proportionnée à l'immenfité du travail qu'il faudroit faire pour y parvenir. Je me bornerai donc à jetter un coup d'œil fur les Langues anciennes & modernes. Mon Ouvrage n'eft point fait pour les Savans, mais pour ceux à qui des occupations

importantes ne permettent pas de feuil-
leter beaucoup de Livres, & qui cependant feroient curieux d'avoir une
idée générale fur cette matiere.

Il m'est arrivé de dire mon fentiment
fur l'origine de quelques Langues, &,
fi j'ofe m'exprimer ainfi, fur les voyages qu'elles ont fait, mais fans aucune
prétention; parce qu'encore une fois,
je regarde ces queftions comme peu in-
téreflantes. On verra auffi que j'ai donné peu de détails fur quelques Langues;
les matériaux m'ont manqué, & je ne
veux rien hafarder.

Je me fuis plus étendu fur la Langue
Françoife que fur aucune autre, & j'ai
cru que cela ne déplairoit pas au Lecteur. J'ai penfé auffi que l'on me fauroit
gré d'avoir placé à la fin de cet Ouvrage
un extrait du Roman de la Rofe. Le fuccès brillant & foutenu que ce Poëme a
eu pendant près de quatre fiecles, doit
piquer néceffairement la curiofité.

On penfera peut-être que j'ai traité
trop durement les Ecrivains qui m'ont
précédé; je réponds d'avance que j'en
ai lu une bonne partie, & qu'ils m'ont
tellement ennuyé, que je me fuis cru
en droit d'en ufer ainfi.

A mon égard, je fais que l'on fait
une attention particuliere au ftyle d'un

Ouvrage fur les Langues, & je ne me diffimule pas combien il eft aifé de trouver dans le mien des fautes de ce genre; mais je crois auffi qu'un Auteur octogénaire mérite quelqu'indulgence, furtout s'il a été affez heureux pour éviter la féchereffe & l'obfcurité, en traitant un de fujets les plus fecs & les plus embrouillés.

ERRATA.

Page 14, ligne 13, *hebraicæ*, lisez *arabicæ*.

Page 21, ligne antépenultieme, après ces mots, *le bas Breton*, ajoutez *dor*.

Page 36, ligne 30, *de cas de Conjugaifons*, mettre une virgule après le mot *de cas*.

Page 173, ligne 21, on a mis un o au lieu d'une *n*, il faut mettre E*xin*.

TABLE
DES CHAPITRES

contenus dans ce Livre.

SECTION SIXIEME.

SECTION SEPTIEME.

Abregé du Roman de la Rose.

J'ai cru qu'un extrait de ce Roman ne seroit point déplacé à la suite de cet Ouvrage. On ne le lit plus, mais je crois que ce que j'en donne ici ne sera point désagréable à ceux qui voudront le connoître, sans prendre la peine de le lire tout entier.

Fin de la Table.

ESSAI

SUR

LES LANGUES

EN GÉNÉRAL;

SUR

LA LANGUE FRANÇOISE

EN PARTICULIER,

Et sa progression depuis CHARLEMAGNE, *jusqu'à présent.*

***

SECTION PREMIERE.

Des Langues de l'Afrique.

JE crois qu'il faut laisser toutes les langues des Negres dans l'obscurité où elles sont pour nous. Je dirai seulement, qu'entr'autres on a trouvé, sur la côte de Guinée, un nombre prodigieux de langages différens, qui ne paroissent pas des dialectes de langues primitives, puis-

A

qu'un peuple n'entend point du tout un peuple voifin. Ils ne favent ni lire ni écrire.

Je me contenterai donc de parler des langues connues le long des côtes de la Méditerranée, de l'Egyptien, tant ancien que moderne, & de l'Éthiopien.

CHAPITRE I.

De la Langue Punique.

DANS toutes les côtes d'Afrique qui bordent la Méditerranée, on parloit vraifemblablement du temps des Carthaginois, la langue Phénicienne, l'ancienne Carthage étant une colonie de Tyr, & les Carthaginois ayant étendu leur domination à l'Occident, jufqu'aux Colonnes d'Hercule, & au Midi, jufqu'au Mont-Atlas; mais cette langue Phénicienne, mêlée avec l'ancienne langue du pays, fe dénatura fans doute par la fuite des tems.

Les Romains qui détruifirent Carthage & la rebâtirent de nouveau, y envoyerent des Colonies Latines : la langue du pays s'éteignit peu-à-peu ; & le Latin fut la langue dominante, jufqu'au tems où les Vandales, Peuples fortis de la Germanie, allerent s'établir en Afrique.

Le Latin commençoit à être bien corrompu dans ces contrées, lorfque les Arabes les parcoururent comme un torrent dans le feptieme fiecle. Ils détruifirent prefque tous les habitans, qu'ils remplacerent par leurs Colonies : & peu après tout ce pays, depuis l'Egypte, jufqu'au détroit de Gibraltar, parla Arabe, & reçut la religion de Mahomet.

Cependant quelques-uns des anciens habitans se retirerent dans les montagnes de l'Atlas : & ceux qui les occupent maintenant, prétendent être descendus des anciens Chrétiens. Ils parlent une langue qui leur est particuliere, qu'ils nomment *Tamacette*, d'autres disent *Tamasel*.

Ainsi les peuples d'Afrique le long dé la Méditerranée, parlent l'Arabe, quoique fort corrompu. Mais à *Maroc*, *Fez*, *Sus*, *Trémessin*, on a retenu beaucoup de l'ancienne langue Africaine, parce que les Arabes ont moins fréquenté dans ces parties occidentales.

On a prétendu que les habitans de l'isle de Malthe avoient conservé plus long - tems des traces de la langue Punique ; mais à présent on dit qu'ils parlent Moresque, c'est-à-dire la langue des Africains ; ce qui seroit pour lors un Arabe corrompu.

Un *Quintinus Heduus* qui écrivoit de Malthe à un ami en 1533, dit que de son tems on y parloit la langue des Africains, qu'il y avoit encore sur des pierres des inscriptions en caracteres Puniques, & qu'on y entendoit plusieurs des mots qui se trouvent dans la Scene Punique de Plaute. En ce cas, ces inscriptions étoient plus anciennes que l'Arabe & le Latin.

CHAPITRE II.

De la Langue Egyptienne.

LE S Egyptiens avoient deux sortes d'écriture ; l'une en lettres comme les autres peuples ; l'autre en signes symboliques, sous lesquels ils cachoient les mysteres de leur Théologie.

Cette derniere n'étoit connue que des Prêtres qui avoient grand foin d'en faire un fecret
au Peuple & aux Etrangers , & s'appelloit
Hieroglyphique. Ils donnoient à entendre leurs con-
ceptions , par la repréfentation de certaines figures , comme d'animaux, de plantes, &c.

Cette langue s'eft perdue avec leur religion.
Il n'en refte que les caracteres confervés fur
des pierres & qu'on ne peut déchiffrer.

La langue commune fouffrit différentes variations, felon les révolutions qui arriverent dans
le pays. Ils furent fujets des Perfes : ils le furent des Grecs pendant plufieurs fiecles. Les
Arabes qui les dompterent dans le feptieme
fiecle , y porterent leur langue & la loi de Mahomet. Cependant le peuple , qui conferve plus
long-tems une partie de fes anciens ufages ,
avoit encore quelques traces de l'idiôme primitif : il fe trouva diftingué par fa religion qui
étoit la Chrétienne , & par fon langage , du
refte des Arabes. Il eft réduit maintenant, à ce
qu'on dit , à quarante mille ames : & ce font
les *Cophtes* que l'on préfume être la race des
anciens Egyptiens.

Ils ont trente-deux lettres, dont vingt-cinq
fuivent l'alphabet Grec , & leurs caracteres
n'en font pas trop éloignés. Ce qui peut dé-
montrer que c'eft des Égyptiens que les Grecs
ont pris les leurs, & non pas des Phéniciens.

Je remarquerai ici, pour toutes les langues en
général qui ont plus de lettres que nous , que
tous les peuples ont à la vérité les mêmes organes , mais que la modification de ces mêmes
organes a dû caufer néceffairement une différence dans la prononciation.

Nous avons des preuves de cela dans notre

Europe. Il n'y a que nous & les Hollandois ou Flamands qui prononcent l'*u* en *u*. Les Italiens & les Espagnols le rendent par *ou*; les Allemands par *ou*, ou par une prononciation approchante de l'*i*.

Notre *l* mouillée est très-difficile chez eux : par exemple *bouillon*, leurs Grammaires disent qu'il faut prononcer *boulion*. Et chez nous mêmes, le petit Bourgeois ne dit-il pas *bouïon?*

D'autres peuples encore désignent différemment que nous cette *l* mouillée; les Italiens par *gli*, les Espagnols par deux *ll* simples, même en commençant un mot, comme *llamar* appeller, que les Italiens écriroient *gliamar*.

Il y a encore une autre observation à faire pour nous autres François. Nous devrions avoir plus de vingt-trois figures. Nous en avons plusieurs qui sont les mêmes & qui ont différentes prononciations.

Nous avons deux *a*, & deux *o*, l'un bref & l'autre long,

Adam, *ame* : *notre pere*, *le nôtre.*

Nous avons trois *e* différens,

Beauté, *bannière*, *prêtre* avec trois accens différens.

Notre *i* consonne, & notre *i* voyelle ont la même figure, *il*, *je.*

Nous ne devons donc pas nous étonner si les Orientaux ont plus de lettres que nous, en ayant pour chaque prononciation différente.

C'est une question qu'on ne pourra résoudre, si les Egyptiens ont emprunté leurs caracteres des Phéniciens, ou si ceux-ci tiennent les leurs des premiers; car, pour les Grecs, il est sûr que, comme peuple policé, ils sont plus nouveaux que les Egyptiens & que les Phéniciens.

CHAPITRE III.

De la Langue d'Ethiopie.

ON parle beaucoup de langues différentes en Éthiopie. Un Ambassadeur de ce pays qui étoit au Caire vers l'an 1657, disoit à *Thevenot*, que si Dieu avoit fait 72 langues, il croyoit qu'elles se parloient toutes dans son pays. Il pouvoit avoir pris les dialectes de chaque canton pour autant de langues. Quoi qu'il en soit, il doit y en avoir une générale & reconnue dans un pays où il y a un despote qui domine sur toutes les provinces d'un même Empire ; & c'est de celle-ci dont je veux parler.

Ceux qui ont décidé que l'Hébreu étoit la mere de toutes les langues, ont voulu qu'il fût aussi celle de l'Ethiopien. Cependant *Abraham*, ni les Juifs n'ont jamais pénétré en Abyssinie : & tout prouve que ces deux langues ne se ressemblent en rien.

Les caracteres des Ethiopiens ne sont point les mêmes que ceux des Hébreux ni des Arabes, pas même pour la suite de l'alphabet, comme sont les Hébreux par *aleph*, *beth*, *ghimel*.

Ils ont trente-trois lettres, les Hébreux n'en ont que vingt-deux.

Ce qu'ils ont encore de plus particulier est l'arrangement de leurs caracteres. Ils comptent vingt-six consonnes, & sept syllabes. Celles-ci sont au nombre de sept, parce qu'ils admettent l'*a* bref & l'*a* long pour deux, de même que l'*e* ; mais la voyelle est toujours liée à la

confonne ; cela fait une fyllabe, & cependant
ce n'eft qu'une feule lettre ; ces voyelles, ainfi
liées aux confonnes, font cent quatre-vingt-deux
figures ; mais comme ils joignent auffi quelquefois
deux voyelles à une confonne, comme par exemple,
huo, *guo*, *kuo*, celles ci multipliées font au nombre de vingt, ainfi ils ont deux cent deux caracteres ou figures. Leur maniere d'écrire, outre
cela, n'eft point de droite à gauche, comme
dans les langues Orientales, mais de gauche à
droite, à la façon des Grecs & des Latins.

Comment pouvoir juger que l'une a tiré fon
origine de l'autre ?

Poftel a trouvé, il eft vrai, dans leurs livres,
des mots Hébreux, Puniques, Arabes, & même
Latins. Cela prouveroit feulement, que la communication, & fur-tout la religion Chrétienne
auront introduit chez eux de nouveaux mots.

Eux & les Nubiens ont la même langue. Ils
mettent, à la fin de chaque mot, deux points
l'un fur l'autre, & au bout de la phrafe quatre
points en quarré.

Il eft bon de favoir que l'Ethiopien, qu'on
parle à préfent, n'eft pas le même que celui
qui eft décrit dans leurs livres d'Eglife, qui apparemment étoit l'ancien Ethiopien.

SECTION SECONDE.

LANGUES DE L'ASIE.

CHAPITRE I.

De l'Hébreu.

Ceux qui prétendent que la langue Hébraïque étoit la seule que les hommes parlassent au commencement du monde, disent que *Héber* & tous ceux de sa famille n'éprouverent point cette confusion de langage qui fut la punition du genre humain, parce qu'ils ne se trouverent point à l'assemblée de ceux qui entreprirent de bâtir la tour de Babel. De cette façon, l'ancienne langue, qui tira son nom du seul qui l'avoit conservée, se perpétua dans sa postérité jusqu'à Abraham.

Mais comment cette opinion, qui est celle de plusieurs Peres de l'Eglise & des Rabbins, peut-elle être vraie? Ils ne donnent que des suppositions & point de preuves.

A propos des Rabbins, je dirai ici qu'ils ont avancé que les Anges ne parloient qu'Hébreu en Paradis. S'il etoit vrai que Dieu eût pris tant de soin de cette langue au commencement du monde, pourquoi l'auroit-il abandonné ensuite?

Abraham, avant que de venir dans la terre de Canaan, habitoit la ville d'*Hur* en *Mésopotamie*. Ses ancêtres & lui-même étoient Idolâtres, & sacrifioient aux Dieux du pays. Est-il poſſible que ſa famille eût un langage particulier dans ſa patrie ? De plus, quand ce Patriarche alla demeurer dans la terre des Cananéens, qui fut occupée depuis par ſa poſtérité ſous le nom de *Judée*, il paroît qu'il étoit entendu de tous ces Peuples. Il fut depuis en Egypte : il étoit entendu de même. Il faut croire, ou qu'on parloit encore la même langue dans tous ces pays qui s'avoiſinoient, ou qu'ils n'avoient pas encore perdu les traces de la langue primitive, & que chaque contrée avoit un dialecte fort peu différent, & qui ne s'écarta de ſon origine que par la ſuite des ſiecles, & forma enfin une langue à part, qui ne fut plus entendue de ſes voiſins. Nous avons, dans ces derniers temps, la preuve de ce que j'avance : le Gallois & le Bas-Breton, qui ſont les ſeuls chez qui on trouve quelques reſte de l'idiôme Celtique, s'entendent, quoique leur langage ſoit différent. Les Bohémiens & les Polonois ont conſervé une partie des mêmes mots qu'ils tiennent de l'ancien Eſclavon. L'Italien, le François & l'Eſpagnol ſe reſſentent encore de leur origine latine ; j'ai vu même de l'Eſpagnol, tel qu'on le parloit il y a cinq à ſix ſiecles, qui n'étoit preſque pas différent du François de ce temps-là.

Pour revenir à l'Hébreu, il eſt impoſſible qu'il ſe ſoit conſervé le même pendant plus de deux mille ans : c'eſt le ſentiment de *Théodore Bibliander*, qui a ſoutenu qu'il avoit varié comme les autres langues ; que le ſtyle de *Job* & de *Moyſe*, n'étoit point le même que celui d'*Iſaïe* ; & que celui qu'ont employé *Daniel* & *Eſdras* eſt encore différent.

Cela eſt d'autant plus aiſé à croire, que les Iſraélites ont été dans une eſpece d'anarchie

pendant tout le temps des Juges , qui a duré ,
selon les uns, 360 ans , selon d'autres 600 , &
selon d'autres encore , plus de 900 ans , pendant lequel temps ils ont été plusieurs fois sous
la domination de leurs voisins. Il est assez probable que l'Hébreu n'a acquis sa perfection que
pendant les 350 ans qu'a duré le Royaume de
Juda. La résidence d'un Souverain déterminant
ordinairement le langage d'un peuple , & les
principaux Ecrivains de cette Nation s'étant trouvés parmi ce qu'il y avoit de plus grand & de
plus savant.

Samuel étoit Juge; *David* & *Salomon* étoient
Rois. *Isaïe*, dont le style est le plus élevé & le
plus noble, étoit de la famille royale. *Daniel*
étoit un des grands Seigneurs qui furent em-
menés en captivité.

Il y a tout lieu de croire que les Copistes qui
récrivoient de siecle en siecle ces Livres Saints,
auront substitué les nouvelles expressions & les
nouveaux mots à ceux qui avoient vieilli , &
que le peuple n'entendoit plus. On en peut
trouver la preuve par les villes nommées dans
le *Pentateuque* & dans *Josué* , qui n'ont eu le
nom qui leur est donné que sous le temps des
Rois.

Je ne m'étendrai pas beaucoup sur cette langue ; le détail en a été fait trop souvent.

On a voulu dire qu'on a tort de prétendre
qu'elle est très-pauvre ; que n'en étant resté
qu'un seul livre , on n'a pu y faire entrer tous
les mots de cette langue. Ce n'est pas parce que
nous avons perdu une partie de ses mots , que
nous la jugeons , mais par la marche de ses
verbes. Dans toutes les langues , par exemple,
& même chez le Peuple , il y a une expression

différente pour les différens temps. Dans celle-ci, il n'y en a que deux, l'une pour le prétérit, & l'autre pour le futur; & les mêmes mots signifient souvent des choses différentes & même contradictoires : ce qui a causé bien de l'embarras aux Traducteurs & aux Commentateurs qui ont eu le plaisir d'y trouver des sujets de chicane & de dispute.

L'Hébreu a vingt-deux lettres, dont les caracteres, du consentement presque universel des Modernes, ne sont point ceux du temps de *Moyse* & des Rois, mais sont des caracteres Caldéens que donna *Esdras* au retour de la captivité à Babylone.

Ils ont des points au-dessus & au-dessous des consonnes, qui marquent les voyelles, & cette invention est très-nouvelle, puisqu'elle n'est que du septieme siecle, & encore les Juifs l'avoient-ils prise des Arabes.

On doit juger de-là qu'on ne pouvoit, avant cette addition, savoir la véritable signification d'un mot que par la tradition, & une tradition de deux mille ans n'est pas bien exacte.

Je dirai ici un mot des Samaritains, dont les descendans se sont conservés en Syrie, dans la ville de *Sichem* ou *Naplouse*.

Cette Colonie de Cuthéens, envoyée par *Salmanasar* pour repeupler le pays de *Samarie*, fit demander à Jérusalem les livres de la loi, pour adorer & servir le Dieu du pays. Il est naturel de croire qu'on les envoya écrits selon les caracteres du temps, qui étoient Hébreux. Ils les ont conservés jusqu'à présent, & les Juifs ont changé les leurs.

Ils ont de même vingt-deux lettres, mais différentes, non-seulement de caracteres, mais aussi d'accents. (*Apicibus.*)

Ce qui prouveroit pour l'antiquité de ces caracteres, est que les médailles les plus anciennes, les pieces d'or, d'argent & de cuivre, tirées des ruines des différentes villes de la Palestine, se trouvent toutes gravées en caracteres Samaritains.

Je ne puis me dispenser de placer ici l'idée d'un savant Suédois, qui, dans un livre intitulé, *Laponia illustrata*, prétend que la langue des Lapons vient immédiatement de l'Hébreu.

CHAPITRE II.

Des langues Caldaïque & Syriaque.

Le Caldaïque se parloit à Babylone & dans l'Empire des Assyriens. Il s'est éteint peu à peu.

On n'a que deux ouvrages en cette langue, l'un attribué à *Onkélos*, qui est une paraphrase sur le Pentateuque, & la paraphrase de *Jonathan* sur les Prophêtes.

La *Syrie* ayant eu ses Rois particuliers, s'écarta insensiblement du langage primitif qui étoit la langue *Araméenne*, laquelle avoit quelque affinité avec l'Hébreu & le Caldéen.

Les Grecs, qui la posséderent pendant plusieurs siecles, aiderent encore à cette altération. C'est cette langue, ainsi altérée, qu'on parloit du tems de *Jesus-Christ*; car il n'étoit plus dès-lors question de l'Hébreu dans toute la Judée. Elle s'est conservée, à quelques changemens près, jusqu'au temps du Mahométisme, où l'Arabe prit le dessus, & éteignit entiérement le Syriaque, qui ne fut plus employé par les Chrétiens du pays, que pour le fervice de la Religion.

Les Syriens ont prétendu que leur langue étoit la plus ancienne du monde ; & les Savans difent qu'on ne peut guere diftinguer fi les trois langues Hébraïque, Caldéenne & Syriaque n'étoient point la même dans les commencemens, & fi elles ne fe font pas féparées en dialectes provenans d'une langue-mere : ce qui eft sûr, c'eft que les deux dernieres ont fervi beaucoup à expliquer bien des mots de la Bible, qu'on n'entendoit plus.

Cette langue étant devenue celle de la Religion pour les Chrétiens d'Afie, les *Neftoriens* s'en fervent comme nous du Latin.

Les *Maronites*, qui font principalement le long du Mont *Liban*, & les feuls Orientaux attachés à la Communion Romaine, font aufli leur Office en Syriaque.

La Roque, dans fon voyage de Syrie, a remarqué qu'on trouve encore quelques villages, dans les montagnes du *Liban*, où le Syriaque s'eft confervé. Cette langue a vingt-deux lettres, comme l'Hébreu, avec la même fuite, & à peu-près la même prononciation ; mais les caracteres en font fort différens : elle s'écrit de droite à gauche comme l'Hébreu.

Quant au Phénicien, qu'on parloit à *Tyr*, il eft très-probable que c'étoit le même que le Cananéen du temps des Juges, & que le Cananéen n'étoit autre que le Syriaque, qui étoit la langue de toutes les côtes maritimes de la Syrie.

CHAPITRE III.

De la Langue Arabe.

ON ne peut guere décider lequel eſt le plus ancien de l'Arabe ou de l'Hébreu.

Walton dit que la langue Hébraïque, *quæ eſt mutila & exigua*, peut être ſuppléée par l'Arabique, *quæ integra eſt*. En effet, l'Arabie, que les Aſſyriens, les Perſes, les Grecs & les Romains n'ont jamais pu entamer, a dû conſerver la pureté & l'intégrité de ſa langue, mieux que la Judée, qui, pendant 1500 ans, a été, preſque de ſiecle en ſiecle, aſſujettie à différens Maîtres.

De l'aveu du même Auteur : *multa vocum Hebraïcarum radices Hebraïcæ ſunt.*

Auſſi le Rabbin *Aben-Ezra* dit que pluſieurs mots, qui ne ſe trouvent qu'une ſeule fois dans la Bible, & dont on ne connoît point la ſignification, peuvent s'expliquer par le ſecours de l'Arabe.

St. Jérôme dit que l'Arabe a beaucoup de conformité avec l'Hébreu & le Caldéen, comme ſorti & procédé de l'un & de l'autre : c'eſt auſſi le ſentiment du Rabin *Aben-Ezra*. Mais St. Jérôme ſavoit-il l'Arabe? Il n'en dit pas un mot dans ſes ouvrages : ne s'en ſeroit-il pas fait honneur pour faire voir qu'il étoit en état de décider la queſtion? Mais lui & le Rabin vouloient donner à l'Hébreu l'avantage d'être l'origine de toutes les langues.

Celle dont nous parlons ici, ne reſſemble point aux deux autres par ſes caracteres : le nombre des lettres n'eft pas le même, puifque l'Hébreu & le Caldéen n'en ont que vingt-deux, & que l'Arabe en a vingt-huit; que les lettres fe prononcent différemment, & que l'ordre n'en eft pas le même.

Cette langue eft une des plus difficiles du monde, non-feulement pour l'apprendre, mais auffi pour la lire.

Le caractere de chaque lettre eft différent fur les monumens publics, lorfque la même lettre eft au commencement & au milieu ou à la fin.

Comme elle eft la langue de la Religion, elle s'eft étendue par toutes les contrées de l'Afie & de l'Afrique où l'on profeffe le Mahométifme.

Elle a pris le deffus fur la Turque à la Cour du grand Seigneur.

Ce qu'elle a encore de fingulier, c'eft que l'Alcoran, écrit il y a plus de 1100 ans, paffe encore pour le meilleur Arabe, pendant que toutes nos langues modernes, & même le latin & le grec, n'ont pu fupporter un fi long efpace de temps fans fe dénaturer. Cela ne viendroit-il point du nombre prodigieux de Commentaires faits par les Théologiens Mufulmans, de fiecle en fiecle; car *Poftel* en comptoit, de fon temps, jufqu'à 800, la fureur d'écrire regnant chez les Afiatiques, comme elle a régné chez les Occidentaux.

St. *Jérôme* a prétendu que l'Arabe venoit de l'Hébreu. Je lui aurois demandé fi les Arabes, du temps d'*Abraham*, & avant lui, n'avoient pas un langage, & fi ce Patriarche, dont la famille feule parloit, dit-on, l'Hébreu, je lui aurois demandé s'il avoit été en Arabie pour ordonner à ces peuples de parler fa langue.

Difons donc, comme j'ai déjà fait, fi deux langues ont quelque reſſemblance, c'eſt qu'elles ſont des dialectes d'une plus ancienne.

CHAPITRE IV.

Langue Turque.

LEs Turcs, d'origine Tartare, s'étoient établis au nord de la Perſe, dans une province qui prit d'eux le nom de *Turqueſtan*: de-là ils ſe répandirent dans l'Aſie, dans l'Anatolie & juſques en Europe. Comme ils n'avoient ni littérature, ni religion, ils embraſſerent alors celle de Mahomet, & emprunterent les vingt-huit lettres Arabes, auxquelles ils en ajouterent cinq, qu'ils prirent des Perſans, ſi l'on en croit une Grammaire Turque nouvelle. *Walton* n'en admet que quatre, & par conſéquent ne donne que trente-deux lettres au Perſan & au Turc; mais *Durier*, dans ſa Grammaire Latine & Turque, n'en compte que trois. Je ne déciderai point la queſtion.

Ils n'ont, comme les Arabes, que trois voyelles, avec leſquelles ils trouvent le moyen d'employer nos cinq.

Leurs ſubſtantifs n'ont qu'un genre, ou plutôt n'en ont point, comme les Anglois.

Ils ont, comme nous autres Européens, des verbes auxiliaires: ce qui me prouve que ce ſont toutes ces Nations *Scythes* ou *Sarmates*, qui, ayant inondé le nord & enſuite le midi de l'Europe, y ont apporté cette nouvelle marche dans les verbes.

Quoiqu'ils

Quoiqu'ils aient les lettres Arabes, il y en a quelques-unes qu'ils ne prononcent pas de même.

Leur coutume étoit de tutoyer comme dans le Latin ; mais la communication avec les Etrangers a fait naître, chez eux, la façon de s'exprimer par la troifieme perfonne, quand on parle à quelqu'un au-deffus de foi.

Ils écrivent de droite à gauche, & ont cinq fortes d'écritures différentes ; favoir :

Celle dont ils fe fervent pour écrire l'Alcoran.

Celle qu'ils emploient pour les affaires & dans le Barreau.

Celle dont les Poëtes fe fervent.

Une pour les regiftres.

Et une qui fert aux titres de livres & des Patentes Impériales.

Pietro della Valle dit que cette langue eft facile & belle, & peut fervir d'échelle pour atteindre plus promptement à l'Arabe & au Perfan, d'autant qu'elle en a emprunté un nombre infini de mots.

Cependant le Turc n'a point éteint les différentes langues qui ont cours encore dans l'Empire Ottoman.

L'Efclavon fe parle au nord du Danube.

La langue *Epirote* s'eft confervée dans l'*Epire* ou Albanie.

Le Grec moderne eft en ufage par toute la Grece & jufqu'à *Conftantinople.*

L'Anatolie a plufieurs idiômes différens : ce qui eft caufe que le Grand Seigneur a divers Secrétaires, pour écrire en chacune de ces langues les dépêches qu'il envoie.

J'ai dit que les Turcs étoient d'origine Tartare ; j'ajouterai ici que, felon tous les Ecrivains Orientaux, leur nom étoit le nom primitif de

toute la Nation, qui se partagea en trois branches, de *Calmouks*, de *Moguls* & de *Tatars* ou
Tartares: ce dernier mot ayant prévalu chez
les Occidentaux.

Il est impossible que, n'ayant eu, pendant
long-temps, aucune connoissance des loix & des
mœurs étrangeres, ils n'ayent conservé beaucoup de leur langage ancien: je n'en donnerai
qu'un exemple:

Aga, du temps de *Genghiscan*, signifioit le Comman-
dant d'une Troupe. Les Turcs modernes disent encore
Aga des Janissaires.

CHAPITRE V.

Langue Persane.

ON a prétendu que les Persans, depuis *Cyrus*
jusqu'à *Alexandre*, usoient de la langue Caldaïque
ou Syriaque.

On ne peut développer quel fut leur langage
depuis ce temps jusqu'à Mahomet. Les Conquêtes des Successeurs de ce Prophête, y appor-
tant leur Religion, y apporterent aussi les caracteres de leur écriture.

Leurs Histoires portent qu'ils y firent perdre
la langue ancienne avec ses lettres, les Califes
ayant ordonné de brûler tous les livres écrits en
cette langue, parce qu'ils comptoient que, tant
que les Persans seroient égaux & rivaux des
Grecs, en science, ils ne pourroient être bons
Musulmans.

L'inondation des Tartares, sous *Genghiscan*
& sous ses fils, dans le treizieme siecle, chan-

gea encore toute la face de l'Afie. Alors la langue des Perfans fe trouva être un mêlange de
l'Arabe, du Syriaque, du Tartare, & fans doute
auffi de la langue primitive.

J'ai dit de la langue Syriaque, car *Théodore
Bibliander* y a trouvé les mots fuivans, *Gaza*,
Mandi, *Chondi*, *Ginfa*, *Maddo*, *Chad* & autres,
qui font purs Hébreux ou Syriaques.

D'un autre côté, *Barthelemi Georgewilz*, qui
fut long-temps efclave en Turquie, affure que
le Perfan moderne eft le même que le Scythique ou Tartare, qui s'eft étendu même jufqu'en Europe par la langue Efclavone ; car les
Ruffes, Efclavons, Sarmates & autres n'étoient
connus chez les Anciens que fous le nom gé-
nérique de Scythes.

Selon *Pietro della Valle*, on parle en Perfe
la langue Turque auffi communément que la
Perfienne, & fur-tout à la Cour, & il en donne
la raifon.

C'eft, dit-il, que l'armée n'eft compofée que
de Turcs originaires, qui entendent mal le Perfan : ce qui fait que les Rois & les Grands fe
font trouvés obligés infenfiblement de parler leur
langue, s'ils vouloient en être entendus. Ainfi elle
a pris beaucoup à la Cour : malgré cela leurs
actes & leurs poéfies font tous écrits en Perfan ;
& les Voyageurs font cas de plufieurs de leurs
Poëtes.

Cependant, l'ancienne langue des Perfes, peut-
être plus ancienne que l'Hébreu, l'Egyptien &
le Phénicien, n'a pas été entiérement éteinte :
elle s'eft confervée dans la Religion des *Parfis*
ou *Guebres*. On y trouve plufieurs mots, qui,
par diverfes routes, & à travers différens dialectes, ont pénétré jufques dans nos contrées,

avec le changement , il eſt vrai, que la Grammaire de chaque langue y apporte.

Cette langue s'appelle le *Zend*. Elle a été dénaturée par une autre, qu'on appelle le *Pehlvi*, & les révolutions arrivées dans la Perſe y ont mêlé le Turc & l'Arabe , & ont formé la langue moderne des Perſans.

Je vais rapporter quelques mots de ces trois langues , où on reconnoîtra l'origine des mots Grecs, Latins, Allemands , &c. & même François , qui nous ſont parvenus par le Grec , le Latin & le Celtique , comme le Celtique luimême les aura pris des contrées orientales, d'où venoient les anciens Celtes.

Langue Zend.

Aſté , il eſt. Le Latin dit *ſtat* ; l'Allemand , *iſt*.

Aſchté , huit. L'Allemand dit *acht*.

Dato , donné. Le latin , *datus*, *dati*, *dato*.

Deshmo , peuple. En Grec , *Demos*.

Dentado , dent : *dens* , *dentis* : en bas Breton , *dant*.

Douetché , douze : *duodecim* : en bas-Breton , *daouzecq*.

Doué , deux : *duo* : en Polonois , *Dwa*.

Frein , ami : en Allemand , *Freind*.

Hapté , ſept : Latin , *ſeptem* : Grec , *epta*.

Iaré , année : en Allemand , *ïahr*.

Jekéré , foye : Latin , *jecyr*.

Muté , mere , *mater*.

Mezengo , grand : en Grec , *Megas*.

Noüed , non : l'Allemand dit , *nein* ; le bas-Breton , *nan* ; l'Anglois , *no* , *not*.

Padé , pied , *pes* , *pedis*.

Pez , idem.

Petenté , qui paroît en public ; en Latin , *patens* , *patentis* , *patente*.

Va , où : l'Allemand dit *wo*.

Vaſtré , vêtement , *veſtis*.

Vereké , le latin dit *veretrum*.

Vo , vous ; *vos* , latin.

Té , toi , *tu* ; le bas-Breton dit *té*.

Langue Pehlvi.

A est privatif comme en Grec.

Ab, pere ; *ab*, *abba* en Hébreu.

Ad, au moment ; l'Italien, *adeſſo*.

Bokht, Dieu ; *Bog* en Eſclavon.

Aſcht, huit ; *acht* en Allemand.

Dad, donné, *datum*.

Dabounad, il donne, *donat*.

Dandad, dent, *dens*.

Djeguer, foye, *jecur*.

Dogdé, *dockter*, fille ; Allemand *tochter*.

Dou, deux, *duo* ; le bas-Breton dit *daou*.

Kouſt, côte, *coſta*.

Lab, levre, *labia*.

Malké, Roy ; l'Hébreu dit *Melek*.

Raïomand, lumineux, rayonnant.

Tememan, même ; l'Italien dit *miſmo* ; le bas-Breton, mémés.

Toræ, taureau, *taurus*.

Tou, toy ; *tu*, latin.

Haſt, ſept ; en Grec, *epta*.

Jedeman, la main, *manus*.

Meh, grand ; *megas*, en grec ; *meurs*, en bas-Breton.

Mourdeh, mortel, *mortalis*.

Mourd, il meurt, *moritur*.

Na, non ; *nein*, en Allemand.

Pas, *pad* ; pied, pas, *pes*, *paſſus*.

Roujah, ville ; l'Allemand dit *ſtadt*.

Kaſterg, vêtement, *veſtis*.

Vé, où ; *wo*, Allemand.

Sinch, ſein, poitrine, *ſinus*.

Perſan moderne.

Banded, il lie ; en Allemand, *band*. Lien, nœud ; *Anbinden*, lier, attacher.

Beraden, freres ; en Allemand, *bruder* ; en bas-Breton breuzdeur.

Broſchtan, rôtir, mettre à la broche ; en bas-Breton, *roſta*.

Dar, porte ; l'Allemand dit *thor* ; le bas-Breton l'Epirote, *deraz*.

Dioan, jeune ; l'Italien dit *diovano*.

Dadan, *vedadan*, donné; l'Espagnol dit *dada*.
Keh, qui?
Lab, levre, *labia*.
Logat, mots, parole; *logos* en grec.
Maned, il reste, *manet*.
Mourt, mirthe, *mirtus*; en bas-Breton, *meurta*.
Nam, nom, *nomen*; en Allemand *nahm*.
Pad, *peder*, pere; pater en Grec & en Latin.
Tou, toi, *tu*.
Zanou, genou, *genu*.

J'oubliois de remarquer que les Persans appellent l'Arabe la langue *geschich*, c'est-à-dire, éloquente, & qu'en Allemand, *geschickt* signifie savant.

Et, en effet, l'Arabe est chez eux la langue des Doctes & des livres de sciences; car la leur est fort stérile : cependant, on croit qu'il n'y a point dans l'Orient de langue plus propre pour la Poésie.

Ils ont, comme les Turcs, adopté les caracteres de l'Arabe, & en ont quatre de plus, c'est-à-dire, trente-deux, selon *Walton*.

Il est singulier que la langue de la Cour, à Ispahan, soit la langue Turque, mais bien plus douce que celle de Constantinople, & que cette même langue Persienne se parle dans les Cours du *Mogol*, de *Golconde* & de *Visapour*.

CHAPITRE VI.

Des Langues Arménienne & Tartare.

Langue Arménienne.

Guillaume *Postel* dit qu'elle est très-difficile à prononcer, d'autant qu'elle a plusieurs choses communes avec les langues des Orientaux, plusieurs autres avec celle des Grecs, & plusieurs autres encore avec celle des Gaulois. Veut-il dire les François ou le Anciens Gaulois ?

Il prétend qu'elle est en usage chez les Peuples de l'Asie mineure, de la Tartarie, de la Syrie & de la Perse. Cela peut venir de ce qu'ils sont tous Marchands, & voyagent beaucoup au dehors.

Leurs caracteres sont différens de ceux de leurs voisins, plus nets que ceux des Arabes & des Syriens, & à peu-près quarrés comme quelques-uns de nos caracteres Romains.

Ils marquent leur plurier, en ajoutant une *s* au mot singulier.

Ils ont trente-huit lettres ; cela vient sans doute de ce que, lorsqu'ils doublent une même lettre, ils lui donnent une figure différente.

Langue Tartare.

ON croit que les Tartares n'ont commencé à se servir des lettres que, vers le temps de *Genghiscan*, c'est-à-dire, vers le treizieme siecle.

Haïton, qui a écrit leur Histoire, avoue qu'avant ce temps, il n'a pu rien découvrir d'eux, à cause qu'ils n'avoient aucun usage des lettres.

Cependant, *Marc-Paul*, Vénitien, qui parcourut leur pays dans le même temps, dit qu'ils usoient principalement de quatre sortes d'écritures & de quatre sortes de langues ; mais il ne dit point si ces quatre langues avoient rapport l'une à l'autre.

On peut accorder les deux. *Haïton* parle de l'ancien temps des Tartares, & *Marc-Paul*, depuis les conquêtes de *Genghiscan*.

On dit que la langue des Tartares orientaux de *Kin* ou de *Niuche*, a quelque affinité avec celle de Perse ; qu'ils ont des caracteres qui ressemblent à quelques-unes des lettres Arabes ; qu'ils commencent en haut, & finissent en bas, comme à la Chine, continuant de droite à gauche, comme les Hébreux & les Arabes.

Tout cela n'est point étonnant : leurs incursions en Perse y auront introduit beaucoup de mots. Leur voisinage avec la Chine leur aura communiqué bien de ses usages ; & les Arabes, en portant leur Religion dans ces pays septentrionaux, y ont aussi porté leurs caracteres.

CHAPITRE VII.

Langue Géorgienne.

Avant que d'entamer cette matiere, je dirai qu'autour de la mer Caspienne, qui avoisine la Géorgie, on parle, à ce qu'on dit, soixante langues différentes ; mais ceux qui ont avancé cela, n'ont pas pris garde qu'au nord & à l'est de cette mer, ce sont une infinité de *Hordes* ou Tribus Tartares, qui, chacune, par la suite des temps, auront apporté quelque changement à leur langage, & on aura pris pour langue ce qui n'est que dialecte.

Quant à cette multitude de langues, qui sont vers la mer Caspienne, on en peut dire autant des environs de la mer Noire, au nord & à l'est.

Les Géorgiens, renfermés entre la mer Caspienne & la mer Noire, ont été long-temps inconnus aux Romains, & n'ont jamais été domptés par eux. Ils n'ont point été non plus fous la domination des Grecs, qui ont pu y commercer, & leur communiquer quelques termes, mais non pas ceux de premiere nécessité, qu'ils avoient sûrement. De leur côté, les Géorgiens n'ont point fait de conquêtes, par conséquent, n'ont pu porter leur langue au dehors. D'où viennent donc les mêmes mots qui fe trouvent chez eux & chez les autres Nations? Si l'on dit qu'ils viennent de l'Arabe, du Chaldéen ou de l'Hébreu, me foutiendra-t-on, par exemple, que le petit peuple Juif ait envoyé chez eux des Colonies, ou que les dix Tribus réparties par *Salmanafar* dans l'Afie, ont appris aux Géorgiens à fe fervir des termes dont ils avoient befoin pour exprimer telle & telle chofe. Convenons donc que le même mot qui s'eft affocié à différens langages, doit provenir d'une langue générale, qui exiftoit avant celles qui nous font connues; & que les Peuples, en fe féparant & formant, par la fuite des temps, un nouvel idiôme, auront, par hazard, confervé quelques noms primitifs, qui, de cette façon, fe feront trouvés appartenir à toutes les langues nouvelles.

Mais s'il fe trouve, dans les langues d'Afie & d'Europe, des mots qui appartiennent encore au *Géorgien*, cela n'eft point étonnant. Les anciens Géorgiens n'étoient autres que *Scythes* ou *Tartares*, & ces derniers Peuples, en inondant l'Afie méridionale fous *Genghifcan*, y ont apporté une partie de leurs mots, comme ils ont fait en Perfe, de l'aveu des Savans.

Quant à l'Europe, le *Géorgien* tenant fa langue en partie du *Tartare*, comme on le prétend, il eft aifé de voir que les mêmes mots qui se trouvent en Géorgie se doivent aussi rencontrer dans le Latin & dans l'Italien, puisqu'on sait que ces Scythes ou Tartares, qui, dans différens siecles & sous différens noms, ont inondé l'Europe, en ont aussi dénaturé toutes les langues.

Je vais donner une preuve de cette ressemblance de termes, mais la moins étendue que je pourrai, pour ne pas fatiguer. Je ne parlerai point des Grecs, qui ont beaucoup de mots semblables. Le commerce ou la communication ont pu les y transporter, comme je viens de le dire, ou les Grecs pouvoient les tenir des langues barbares, comme les Savans d'entr'eux n'en disconvenoient pas. Ainsi, ce seroit toujours une langue plus ancienne, à laquelle il faudroit avoir recours.

Géorgien.	Italien.	Latin.	François.
Abano	Bagno	Balneum	Bain
Bala	Palla		Une Balle
Bambaki	Bombace	Bombix	Coton
Borsa	Borsa		Bourse
Brunzo	Bronzo		Bronze
Duana	Doana		Douane
Erimo	Eremo	Eremus	Désert
Fanali	Fanale		Fanal
Furno	Furno	Furnus	Four
Grosso	Grosso		Gros
Janteli	Candela	Candela	Chandelle
Kata	{ Gato / Gata }	{ Catus / Cata }	Un Chat
Kmari	Marito	Maritus	Un Mari
Kandeli	Candela	Candela	Chandelle
Kudi	Coda	Cauda	Queue
Kukuli		Cucullus	Capuchon
Lebido	Livido	Lividus	Livide
Kuneli	Coniglio	Cuniculus	Lapin
Lemone	Limone		Limon
Libero	Libro	Liber	Livre

Géorgien	*Italien.*	*Latin.*	*François.*
Malo	Male	Malum	Mal
Mé			Je, moi
Miglio	Miglio		Un Mil
Muſchi	Moſco	Muſcus	Mouſſe
Navi	Nave	Navis	Navire
Narangi	Narancia		Orange
Non, no	No	Non	Non
Nodaré	Notaro	Notarius	Notaire
Oimé	Ohimé		Hélas
Oro	Oro	Aurum	Or
Saco	Sacco	Saccus	Sac
Sella		Sella	Siege, banc
Seri		Serò	Le ſoir
Scamni		Scamnum	Marche-pied, banc
Stanba	Stampa		Eſtampe
Supa	Zuppa		Soupe
Tas, thaſi	Tazza		Taſſe
Taula, tavola	Tavola	Tabula	Table
Trombeda	Tromba		Trompette
Varca	Barca		Barque
Vino	Vino	Vinum	Vin
Zéa	Sée *en Allem.*		La Mer

Si l'on y veut bien réfléchir, on verra que ces mots ſont les mêmes, mais qu'ils ont la même terminaiſon que le Géorgien en Italien : ce qui me perſuade qu'ils ont, en cette derniere langue, leur origine plus directe d'une des langues du nord ; & que les Latins & les Grecs qui les ont adoptés auſſi, ont donné à leurs terminaiſons le ſon qui convenoit à la leur.

Voici maintenant des mots qui ne ſe trouvent point dans le Grec ancien, & que les Grecs modernes ont empruntés des Barbares ; car on ne me ſoutiendra pas que les Grecs du bas-Empire, fatigués perpétuellement par les incurſions des Eſclavons & des Bulgares, aïent été porter leurs termes dans la Géorgie & dans la Tartarie.

Géorgien.	Grec moderne.	François.
Kuneli	Couneli	Lapin
Lemonés	Limonia	Limon
Miglio	Mili	Un Mil
Nodaré	Notaros	Notaire
Scamni	Scamni	Un banc
Stanba	Stampa	Eftampe
Supa	Supa	Soupe
Taula	Taula	Table
Varca	Barca	Barque

Autre reffemblance : je vois que les Grecs modernes ont donné à leur affemblage de confonnes une liaifon que n'ont ni les Grecs ni les Latins, & qui fe trouve dans la langue Géorgiens, qui eft de commencer un mot par une *m*, fuivie d'une autre confonne.

Gr.	Mpalloni	Ital.	Ballone	Fr.	Ballon
	Mpallotta		Ballota		Petite Balle
	Mpaftarda		Baftarde		Baftarde

Les Géorgiens écrivent de même.

Mrzams	Credere
Mta	Monte
Mreri	Contra

Ce qui me paroît fort difficile pour la prononciation, & qui me prouve en même-tems que ces Grecs ne peüvent avoir pris cet ufage que des langues du nord, qui font plus rudes que celles du midi.

J'ai dit, ou plutôt démontré, que les Géorgiens avoient beaucoup de mots femblables à ceux de bien d'autres langues; mais ce ne font que des noms. Quant aux verbes qui fervent au raifonnement, j'ai trouvé alors la langue toute différente.

Je reviens au Géorgien : il a trente-cinq lettres, & est en partie mêlé, dit-on, du Tartare & de l'Arménien. Du Tartare, cela n'est point étonnant ; mais il ne nous en reste aucuns vestiges. Quant à l'Arménien, le commerce peut y avoir porté quelques termes : mais les caracteres sont absolument différens. L'alphabet Géorgien n'est point rangé comme l'Arménien.

Je ne sais où *Theodosius Ambrosius* a pris que les caracteres Géorgiens ressembloient à ceux des Grecs. S'ils paroissent être semblables à quelques-unes des autres langues, comme dans *b*, *d*, *m*, *x*, ils expriment une toute autre lettre.

CHAPITRE VIII.

Des Langues qui se parlent dans les Indes.

Il faudroit avoir été long-temps dans les Indes, pour distinguer le nombre infini de langues qui s'y parlent, tant dans le continent que dans les Isles, & qui se sont corrompues par l'arrivée des Européens.

L'ancienne langue du Mogol doit y avoir éprouvé bien des changemens depuis que les descendans de *Tamerlan* s'en sont rendus les maîtres ; mais celle de la Cour n'est point celle du Peuple, & je placerai ici une observation qui a déjà été faite avant moi, qui est que les Princes & les Grands, en Asie, se font un honneur singulier de ne point parler la langue du pays. A la Cour du Mogol, on parle Persan, Turc à la Cour de Perse, & à celle du grand Seigneur, Arabe.

Cependant, parmi les Idolâtres, qui font la principale partie de cet Empire, on y diſtingue les *Banians*, qui ont un langage qui eſt particulier aux *Bramines*, qui ſont comme leurs Prêtres & leurs Docteurs; mais il eſt fort difficile, & il y en a beaucoup même entre eux qui ne l'entendent pas. C'eſt leur langue ſavante qu'ils appellent *Sanſcreat*, dans laquelle ſont écrits leurs livres d'hiſtoire, de théologie & de philoſophie. Cela prouveroit l'antiquité de cette langue.

La langue des Maures qui ſont dans ces parages, eſt différente de celle des anciens habitans; mais ils n'ont point de caractères particuliers: ils ſont obligés de ſe ſervir de ceux de ces anciens habitans, ou des Perſans, ou de la nation avec laquelle ils demeurent.

Le Malabar de la côte du même nom n'eſt point le même que celui de la côte de *Coromandel*; & celui-ci ne ſe parle que depuis le midi de la côte juſqu'à *Madras*. Par de-là, en remontant juſqu'à *Delli*, on ne connoît que le *Telinga*, que l'on dit être auſſi douce que la langue *Malaye*, dont je parlerai plus bas. Il y en a qui croyent que le *Télinga* pourroit être l'origine du Perſan moderne.

La langue *Maratte* eſt encore une autre langue de ces contrées-là.

Ceylan.

Ses habitans ont un langage qui n'eſt point entendu des Malabares, leurs voiſins.

Ils en ont un autre dans lequel leurs livres ſont écrits, & qui diffère un peu du vulgaire. Ils écrivent du haut en bas & de gauche à droite.

Maldives.

François Pirard dit que les Peuples de ces Isles ont deux langues en usage ; celle qui est propre aux Maldives, & qui est fort ample, & l'Arabe qui y est fort estimée.

On apprend celle-ci comme on fait le latin en Europe : elle leur sert pour leurs prieres, car ils sont Mahométans ; les Missionnaires de cette Religion, n'ayant songé qu'à les tirer des ténebres du Paganisme, sans chercher à entrer dans les intrigues du Gouvernement.

A Siam.

Ils ont deux langues : l'une, dont se sert le vulgaire, est très-simple, & toute de monosylla- bes, sans conjugaisons ni déclinaisons ; l'autre, nommée *Balie*, n'est connue que des Savans.

A Malaca, au midi de *Siam*, est la langue *Malaye*, qui a cours dans toutes les Isles de la Sonde. Elle est la plus douce & la plus éloquente de toutes celles des Indes.

Je remarquerai, à ce propos, que les lan- gues les plus utiles pour ceux qui parcourent toute cette grande mer des Indes, sont le *Ma- labar*, la langue *Malaye* & le *Portugais*, à moins qu'on y ajoute l'*Arabe*, qui y a percé avec sa Religion.

Philippines.

Gemelli Careri dit qu'on y compte six diffé- rentes langues, & que les habitans ont reçu leurs caracteres de la langue *Malaye*; qu'ils n'ont que trois voyelles & treize consonnes ; qu'ils commencent leur écriture par le bas & montent en haut, mettant la premiere ligne à gauche, & continuant à droite, au contraire des Chinois, qui écrivent du haut en bas, & de droite à gauche. Notez que ce nombre de seize lettres est la premiere distribution qui ait été faite de l'alphabet. Les anciens Grecs ou Pélasges n'en avoient d'abord que seize. Ils prirent les autres des Orientaux, & les Irlandois encore n'en ont que dix-sept.

D'autres disent que la langue *Tagale* étoit la seule avant que les Espagnols se rendissent maîtres des Philippines, & qu'elle est très-difficile.

Isles Mariannes.

Leur langue, dit-on, a beaucoup de rapport avec la langue *Tagale* : elle est assez agréable ; la prononciation en est très-douce. Un des agrémens de cette langue est de transposer les mots, quelquefois même les syllabes d'un même mot ; ce qui cause souvent des équivoques que ces peuples aiment beaucoup.

La langue des Isles Palaos, au sud des Mariannes, est différente des deux premieres.

CHAPITRE IX.

Chine, Japon & Tunquin.

La langue Chinoise n'a que 330 mots, qui sont monosyllabes ; mais ils ont quatre accents (le *P. Kircher* leur en donne cinq,) qui quadruplent presque tous les autres mots, par une inflexion de voix aussi difficile à faire comprendre à un Européen, que les cinq prononciations de l'e François à un Chinois.

Le

Le petit nombre & la briéveté de ces mots a fait croire que cette langue a dû fouffrir moins d'altérations que toutes les autres langues ; & cela a dû être dans les commencemens, tant qu'on n'y a point ajouté de compofés.

Chaque figure fignifie un mot entier ; & ils ne connoiffent point ce que nous appellons notre alphabet, par le moyen duquel nous uniffons plufieurs lettres pour former un mot.

Ces mots Chinois font repréfentés dans l'écriture par des images tirées de la nature, comme d'un oifeau, d'un poiffon, d'un arbre, &c. De cette façon, ils peuvent être rendus dans différentes langues : on en voit la preuve chez les Japonois & les Tunquinois, qui expriment en leur langue les caractères Chinois.

Mais comme ces images étoient prifes de la nature, leurs caractères fimples ne rendoient que des idées fimples, & ne pouvoient fervir à faire connoître les idées abftraites & métaphyfiques : on fut obligé d'inventer des figures fymboliques, figures arbitraires que l'ufage a fixées, & qui, par conféquent, ont formé de nouveaux mots, mais toujours pris des 330 monofyllabes dont j'ai parlé.

L'arrangement de ces mots marque la différence des chofes ou des idées.

Tantôt, en mettant deux, trois, quatre fois la même image ou fymbole : ainfi, un arbre fignifie un arbre ; deux, un bofquet ; trois, une forêt.

Tantôt, en joignant une image à une autre image, comme la figure de *bouche* placée à côté de celle de *chien*, pour dire *aboyer* : un fymbole à un autre fymbole ; par exemple, le fymbole *peu* avec celui de *force*, pour exprimer *foible*.

C

Tantôt, en accouplant un symbole avec une image; ainsi le symbole *joie*, avec l'image de *bouche*, exprime le *ris*.

Enfin, en uniffant plufieurs symboles à plufieurs images.

Et c'eft la liaifon & l'affortiment de ces différens caracteres, joint à l'inflexion de la voix, qui donne au ftyle plus ou moins de force, plus ou moins de grandeur ou de fimplicité.

Il eft arrivé de-là, qu'en combinant tous ces mots, tant fimples que compofés, ils ont produit quatre-vingt mille caracteres & quatre-vingt mille mots. Il eft bien difficile qu'un Chinois les fache tous, & il fe croit déjà favant, quand il en peut favoir dix mille.

Par la fuite des temps, pour plus de commodité, ils ont rapetiffé ces figures, au point de les rendre fouvent méconnoiffables. D'autres y ont ajouté des ornemens à leur fantaifie.

Ce qui fait qu'on a maintenant de la peine à découvrir les traits effentiels, & par conféquent le fens des anciens livres; auffi les Commentateurs ont des doutes fur plufieurs caracteres, & les expliquent en différens fens. On fait que la même chofe eft arrivée par rapport à l'Hébreu.

Outre cela, les caracteres ne fe trouvent pas les mêmes dans les livres écrits par des Auteurs de différentes provinces, dont, pendant un temps, chaque Prince avoit affecté la fouveraineté & l'indépendance, jufqu'à vouloir employer fa maniere d'écrire particuliere.

De plus, ils ont d'anciens livres qui ont différentes écritures, inventées fous différens regnes. On en compte cinq principales, qui, à la fin, ont fait perdre l'ufage des caracteres primitifs.

J'obferve ici qu'il y a un de ces livres, où l'on trouve que *Fohi* donna une nouvelle écriture, & fit ceffer l'ufage des nœuds daus les cordes, ufage qui fe pratiquoit auffi chez les Péruviens.

Ils n'écrivent pas, comme nous, de la gauche à la droite ; ni, comme les Arabes & les Hébreux, de la droite à la gauche ; mais du haut en bas en ligne droite, & leur premiere ligne commence à droite, & la derniere finit à gauche.

On a cru trouver quelque reffemblance ou quelque analogie entre les hiéroglyphes Egyptiens & les caracteres Chinois, & l'on a conjecturé que ceux-ci pouvoient être les mêmes que les anciens caracteres Egyptiens. Alors on a cru qu'on pourroit découvrir, par ce moyen, le fens des hiéroglyphes.

De-là, on a imaginé que les hiéroglyphes étoient en ufage avant la féparation de *Babel*, & que différentes Colonies les porterent, les unes à la Chine, les autres en Egypte.

Le fyftême qui admettroit les hiéroglyphes pour la premiere écriture du monde, mais dont on ne peut apporter aucune preuve, feroit cependant plus raifonnable que l'idée de ceux qui veulent que ce foient les Egyptiens qui ont porté leurs fciences en Chine. On n'a qu'à voir toutes nos Hiftoires anciennes, qui nous apprennent qu'il n'étoit pas permis aux Egyptiens de fortir de leur pays : ce qui eft bien loin d'envoyer des Colonies à deux mille lieues de chez foi, furtout dans des fiecles où la navigation n'en étoit encore qu'aux premiers élémens.

On a montré à des Chinois lettrés, des caracteres hiéroglyphiques Egyptiens ; ils ont foutenu qu'ils ne reffembloient à aucune de leurs

écritures, & par conséquent qu'ils ne pouvoient
les expliquer.

Par le peu que je viens de dire, il est aisé
de sentir la difficulté d'entendre & même de lire
les anciens livres Chinois. Beaucoup veulent les
expliquer par le secours de l'allégorie, parce que
toutes leurs figures étoient allégoriques ; mais les
variations qu'il y a eu dans l'écriture, & les changemens arrivés dans la langue pendant trois à
quatre mille ans, font que chacun trouve un
sens ou une allégorie différente.

Cependant je crois que cette difficulté doit
tomber davantage sur ce qui est abstrait & mé-
taphysique, que sur ce qui est historique ou
moral.

Les Japonois ont aussi leur langue particuliere, mais ils se servent des caracteres Chinois,
& quoique ces deux Nations n'aient pas le même
langage, ces mêmes caracteres font expliqués
chacun dans leur langue, de même que font
en Europe les caracteres de nos chiffres.

Les Tunquinois font dans le même cas ; toutes leurs paroles ne font chacune que d'une syllabe, & chaque syllabe prononcée avec plus
ou moins de force, plus ou moins de lenteur,
a une signification différente & même contraire ;
de sorte qu'il faut avoir l'oreille très-fine pour
les bien entendre.

Ils n'ont ni diversité de genre, ni de nombre d'articles, de cas de conjugaisons. L'inflexion de la voix exprime tout ; moyennant cela,
leur langue est fort simple, & ils en tirent avantage sur les nôtres, qui font si compliquées.

Leurs vers font rimés ; ils expliquent, de
même que ceux du Japon, les caracteres Chinois.

Je remarque ici que ces deux dernieres Nations changent la prononciation de quelques-unes
de nos lettres.

Les Japonois prononcent l'*h* des Européens
comme une *f*. Ils ne font point difficulté d'a-
bréger leurs mots, ou d'ajouter la lettre *n* pour
donner plus de douceur à la prononciation. Ainſi,
ils diſent *fonda* pour *fontomida*, *nangaſaki* pour
nagaſaki: ce qui fait que les Etrangers écrivent
différemment les mêmes mots, & ſelon qu'ils
les entendent.

Les Chinois, de l'*R* & du *D*, en font une *L*.

L'*R*, apparemment, eſt difficile à exprimer
chez bien des Peuples ; car les Sauvages de l'A-
mérique ſeptentrionale ne la connoiſſent point ;
ils ne peuvent dire *François*, ils prononcent
Falançois.

La différence, dans l'organe de chaque Nation, cauſée par la température du climat, a
ſûrement porté une différence dans les mêmes
mots. Il ne faut pas s'étonner ſi la langue d'une
Nation, tranſportée chez une autre Nation,
s'eſt dénaturée.

Cette ſingularité du Chinois, dont tous les mots,
comme je l'ai dit, ne ſont que des monoſyllabes,
produit, à ce qu'on aſſure, un ſtyle ſerré & nerveux.

Voici quelques paſſages de différens livres
Chinois, où le Lecteur démêlera de l'énergie
à travers les circuits & la foibleſſe de la traduction. D'ailleurs, j'ai cru qu'on ne ſeroit pas
fâché de connoître leur maniere d'exprimer des
maximes.

La beauté du Ciel nous annonce les gran-
deurs du Souverain Maître de l'Univers. La
fertilité inépuiſable de la terre nous montre les

foins inépuifables de fa bienfaifance. Apprenez aux Peuples à le louer & à le remercier de fes bienfaits.

L'autorité impériale eft venue à remplir tout l'efpace qui fépare le Ciel & la Terre. Les hommes fe font rapetiffés à mefure que le trône des Empereurs s'eft élevé ; & les peuples feroient quelquefois trop heureux, s'ils les diftinguoient des animaux les plus vils.

Nos parens nous ont donné la vie : voilà le lien au-deffus de tout, qui nous attache à eux, le titre imprefcriptible de leur royauté. Violer le refpect & l'obéiffance filiale, c'eft faire violence à la nature, & ouvrir la porte à toutes les horreurs du crime.

Voici un trait d'*Yao*, leur feptieme Empereur ; il confultoit pour décider de celui qu'il défigneroit fon fucceffeur. On lui propofa *Kong-Kang* ; il répondit : il parle d'or, lorfqu'il n'y a rien à faire, & gâte tout lorfqu'il eft employé.

Une vieille femme, en louant fon vieux temps, difoit : on comptoit alors les filles qui faifoient parler d'elles ; on compte à préfent celles fur qui on n'a rien à dire.

Ils difent que *Chun*, qui fuccéda à *Yao* par le choix de ce Prince, fut vertueux jufqu'à craindre la Royauté.

La vertu perfuade le devoir. L'amour du devoir étend les reffources du travail & de l'in-

duftrie : les reffources du travail & de l'induf-
duftrie multiplient les douceurs de la vie.

Si un Prince ne fe fait pas aimer, le Peuple
fe fait craindre. Le Peuple a befoin d'un Prince ;
mais le Prince n'eft rien que par le Peuple.

Le Peuple eft le point d'appui de l'autorité.
Si le Peuple eft dévoué à fon Prince, le trône
où il eft affis ne fauroit être renverfé.

Les Peuples ne voient plus leurs Princes dans
celui qui n'eft plus l'homme *du Tien.* (de Dieu.)

Le *Tien* eft Sageffe & Vérité ; mais c'eft avec
les yeux des Peuples qu'il regarde les Princes.
Le *Tien* eft terrible dans fes vengeances ; mais
c'eft par les mains du Peuple qu'il punit les
Princes.

Nota. On fera étonné de ce que ces Philofo-
phes parloient avec tant de liberté ; mais il eft
bon de favoir que la couronne n'étoit pas toujours héréditaire chez les Chinois, & que le
trône étoit fouvent occupé par des ufurpateurs ,
qui devenoient les tyrans de leur Patrie , &
étoient fouvent détrônés par d'autres ufurpateurs.

Ne perdez jamais le vrai but du Gouvernement : ce n'eft ni par les fineffes d'une vaine
politique, ni par les coups d'autorité qu'on regne;
c'eft par la juftice.

Pour dire qu'un Prince poffédoit toutes les
vertus, un de leurs livres s'exprime ainfi : il
fut véritable adorateur du *Chang-Ti.* (de l'Etre
fuprême.)

La décence est le teint naturel de la vertu, & le fard du vice. La gravité n'est que l'écorce de la sagesse, mais elle la conserve.

Le Sage a toujours les yeux ouverts sur sa conscience.

La Sage, dit *Confucius*, fait entrer tous les hommes dans son cœur; l'Insensé en chasse ceux qui y sont.

Le Sage est grand dans les petites choses; l'Insensé est petit dans les plus grandes.

L'Insensé est un enfant par ses finesses; Le Sage l'est par sa candeur.

L'ame n'a point de secret que la conduite ne révéle.

Qui voit la vie d'un père, peut prédire celle des enfans.

Kao-Tsou disoit que ses Sujets avoient la clef de son trésor.

Il avoit diminué les impôts & réformé le faste de sa Cour : il lui survint une guerre; ses Peuples lui offrirent d'eux-mêmes des secours.

Les femmes révélent les secrets des autres, pour cacher les leurs.

La langue des femmes est leur épée; & elles ne la laissent pas rouiller.

Plus une femme aime son mari, plus elle le corrige de ses défauts. Plus un mari aime sa femme, plus il augmente ses travers.

Corriger ses défauts, c'est remplir un abîme. Acquérir des vertus, c'est faire une montagne.

Leurs Philosophes définissent la conscience, la lumiere intime, qui n'éclaire que moi, une voix sourde qui ne parle qu'à moi ; l'Avocat du devoir, le frein des passions, la terreur du vice.

O *Tien !* c'est toi seul qui fais les destinées ; tes voies sont impénétrables.

SECTION TROISIEME.

Des Langues de l'Europe.

Je vais rapporter, d'après *Scaliger*, quelles font les meres langues de cette partie de notre monde.

On appelle meres-langues celles dont on ne connoît pas l'origine.

Il y en a onze : quatre grandes, qui fe font partagées en plufieurs dialectes, & fept petites, qui ne fe font point étendues.

Lés quatre grandes font :

L'Efclavon,
Le Germain.
Le Grec.
Et le Latin.

Les fept autres font :

La Langue des Cofaques.
L'Albanoife.
La Hongroife.
La Finlandoife.
L'Hibernoife ou Irlandoife.
La Galoife ou l'ancien Breton.
Et la Bifcayenne.

Je commence par ces fept dernieres, parce que je n'aurai pas beaucoup à m'étendre fur cette matiere.

CHAPITRE PREMIER.

Des sept petites Langues.

ARTICLE PREMIER.

Langue des Cosaques.

LES Peuples de ce nom viennent, dit-on, du pays de *Kipsack* ou *Kapsack*, au nord-est de la mer Caspienne. Les Européens, à ce qu'on croit, les ont nommés ainsi par corruption de ce nom de *Kapsack*; & en effet, les Russes les appellent *Casacs*.

Ils se répandirent, au commencement du seizieme siecle, le long du Boristhene, dans la Province d'*Ukraine*, où ils sont établis maintenant.

Mais comme le *Kapsack* est le commencement de la *Tartarie*; qu'ils conservent encore à peu-près les mêmes inclinations que les Tartares; que même ils les appellent toujours leurs freres: il est à croire que leur langue est une de celles qu'on parle en *Tartarie*; mais depuis qu'ils sont devenus voisins des *Russes* & des *Polonois*, qu'ils ont servi tour à tour, leur langue primitive doit avoir beaucoup dégénéré.

ARTICLE II.

Langue Albanoise.

CES Peuples, renfermés dans les montagnes de l'Epire, ont apparemment conservé une partie de leur langue primitive. Cependant, ils ont

adopté les caracteres Romains auxquels ils en
ont ajouté trois, qui ne reſſemblent à aucun des
caracteres des différentes langues de l'Europe.

Celle-ci n'a aucun rapport avec celles de ſes
voiſins, qui auroient pu lui apporter quelque
changement ; j'entends les Latins, les Turcs &
les Grecs modernes.

En voici quelques preuves.

Latin.	*Eſclavon.*	*Turc.*	*Grec mod.*	*Epirote.*
Filius	Syn	Oglan	Uios	Biir
Pater	Ociec	Baba	Gomios	Taté
Frater	Bratr	Cardaſc	Adelphos	Velaa
Soror	Seſtra	Kiſcardaſch	Adelphé	Motra
Marer	Matka	Ana	Metera	Mamé
Affinis	Schwagr	Amuga	Edicos	Cuſcérii
Aqua	Woda	Sou	Neron	Vie
Aurum	Zloto	Altun	Malama	Aar
Argentum	Srebro	Gumuch	Aſemi	Rgiand
Cœlum	Niebo	Gueukler	Ouranos	Kiel
Mare	More	Deniz	Pelagos	Deez
Flumen	Wodatekauſi	Irmak	Potamos	LSme
Luna	Meſyk	Aï	Pheggari	Hana

Il eſt vrai qu'on trouve quelques mots appro-
chans de l'Italien ; mais cela n'eſt point étonnant, ces deux contrées étant très-voiſines.

A r t i c l e I I I.

Langue Hongroiſe.

L e s Huns, Peuple de Scythie, ont apporté
leur langue dans cette contrée, qui eſt à l'eſt
de l'*Autriche*, & bordée au midi par le *Danube*,
vers *Belgrade*.

Ils ſe nomment, dans leur langue, *Magiari.*
Ils ont été appellés, par les autres Nations,
Hunugari, Hungwari, Hungari.

Ils ont conſervé leur langage, différent de tous

ceux qu'on parle en Europe. Cependant ils apprirent la langue Latine, qui étoit en usage dans la *Pannonie* & dans l'ancienne province des *Daces*. C'étoit un latin rustique, qu'ils ont conservé jusqu'à présent.

Ils ont les caracteres Romains & les mêmes lettres que nous, à l'exception de la lettre *q*.

Ils ont leurs temps, comme nous, pour les verbes; mais il s'y trouve une singularité en ce qu'ils ont un futur marqué pour le subjonctif, & n'en ont point pour l'indicatif. Alors, quand ils veulent l'exprimer, ils ajoutent la particule *meg* au premier temps de l'indicatif. Leurs adjectifs font indéclinables, & marchent avant le substantif.

Ils n'ont point de verbes auxiliaires, comme les autres Peuples de l'Europe.

Voici seulement deux verbes, *amo* & *lego*, pour faire voir la différence prodigieuse de leur langue à toutes les autres.

Amo, szeretek; *amor*, au passif, szerettettetem; *lego*, alvasok; *legor*, alvastattattatum.

Schilter, dans ses antiquités Teutoniques, dit qu'on n'a commencé à écrire en Hongrois que de son tems, c'est-à-dire, dans le seizieme siecle.

« *Ungaricus sermo nostra ætate primum scribi* » *cœpit* ».

<h2 style="text-align:center">A R T I C L E IV.</h2>

Le Finlandois.

La *Finlande*, qui est à l'est du golphe de *Bothnie*, a une langue particuliere. *Duret*, dans son origine des langues, dit qu'elle ne participe en rien à celles de ses voisins, qu'elle est

propre des Lapons, a beaucoup de voyelles, &
eft la plus douce de toutes les autres langues du
nord.

Elle n'eft pas feulement renfermée dans la
Finlande. Les Livoniens ont un langage qui en
approche beaucoup, & ces deux Peuples s'entendent.

Un Voyageur, qui, dans le fiecle paffé, alloit
de *Mofcou* à *Pékin*, fe trouva en Tartarie, chez
un Peuple dont le langage n'étoit pas éloigné
du *Livonien*.

A R T I C L E   V.

L'Irlandois.

CETTE langue ne reffemble à aucune de
celles de l'Europe.

Elle a les deux genres ; ce que n'a point
l'Anglois.

Elle n'a qu'un prétérit, qui défigne auffi pour
l'imparfait & le plufqueparfait.

Elle n'a que dix-fept lettres, n'admettant point
l'*h*, le *q*, l'*x* & le *χ* ; le *g* fe prononce comme *y*.

Ses caracteres, à quelques lettres près, reffemblent un peu aux nôtres.

On dit que les Montagnards d'Ecoffe parlent
la même langue.

Elle peut être de l'antiquité la plus reculée,
d'autant que ces deux Peuples, fe trouvant aux
extrêmités du monde ancien, ont été très-long-
temps, fans avoir communication avec les Nations voifines.

Il y a des gens qui prétendent y trouver des
mots Hébreux.

ARTICLE VI.

Langue Galoise ou bas-Bretonne.

Joseph dit que les *Gomariens*, sortis de *Gomer*, fils de *Japhet*, sont ceux qu'on a appellés depuis *Gaulois*.

Si *Gomer* est la tige des Gaulois, lui ou ses descendans, à la confusion des langues, en ont parlé une différente de celle des autres Nations. *Moyse* y est précis. (*Genese*, ch. 10).

Les hommes se séparerent.

« *Unusquisque secundùm linguam suam &* » *familias suas* ».

Les enfans de *Japhet* eurent donc un autre langage que les enfans de *Sem*, & les anciennes langues sont donc langues-meres, tout aussi-bien que l'Hébreu.

Il y a toute apparence que le Galois ou bas-Breton est un reste du Celtique que parloient les Gaulois. Les mots que les Anciens nous en ont cités, & qui se trouvent encore dans le bas-Breton, en peuvent être une bonne preuve.

Si l'on est étonné que les Galois & les bas-Bretons aient encore à peu-près le même langage, il est bon de savoir que les Celtes & les Bretons parloient la même langue dès le temps de *Tacite*. On n'a qu'à consulter cet Historien dans la vie d'*Agricola*.

On a voulu faire venir tous nos mots des Grecs. On a la preuve du contraire par les Grecs mêmes. *Platon*, dans son *Cratyle*, avoue que les Grecs ont pris plusieurs termes des Barbares ; & les Romains convenoient que presque tous les noms de leurs chars leur venoient des Gaulois.

La marche de nos verbes, par le secours des auxiliaires, qui n'est dans le Latin ni dans le Grec, & qu'a conservé le Galois, démontre une origine toute différente.

Les côtes de l'*Armorique* s'étant trouvées moins exposées aux révolutions qui arriverent dans les Gaules, ce Peuple y perdit moins de son ancien langage ; il en sut de même des Galois, que les Anglo-Saxons eurent bien de la peine à dompter.

Ce qui a pu aider à conserver cette langue, c'est que ces deux contrées sont restées presque entiérement payennes jusqu'à la fin du sixieme siecle ; par conséquent, leur communication étoit moins fréquente avec les Gaulois, d'un côté, & de l'autre, avec les Anglois devenus Chrétiens.

Leurs caracteres anciens, que nous a donnés un Pere *Julien Maunoir*, Jésuite, ne font point du tout semblables à ceux des autres langues, à l'exception de leur *t*, qui ressemble au *théta* majuscule des Grecs ; mais ils ne connoissent plus ces caracteres, & ont adopté les nôtres.

Ils ont vingt-trois lettres simples, comme nous ; mais leur prononciation a prodigieusement changé. Ils ont pris le parti d'écrire comme ils prononcent maintenant ; ce qui est la ressource des ignorans. En voici un exemple : pour dire *été*, il a été, on prononçoit autrefois *haff*. Ils prononcent à présent *han*, & ils écrivent de même : moyennant ce bel usage, ils ne peuvent plus entendre leurs anciens livres. Les Novateurs, chez nous, veulent faire la même chose, & ils y parviendront malheureusement.

Ils ne mouillent point les deux *ll*, comme les Espagnols

Espagnols & nous ; mais pour employer cette prononciation, ils écrivent l'*h*.

Ils n'ont que deux genres, pendant que les Grecs, les Latins & les Allemands en ont trois.

Ils ont un article avant les noms. Leurs verbes auxiliaires font bien les nôtres, puisque nous les tenons d'eux.

Je suis, *me so*, comme qui diroit, moi suis, Il en est de même du verbe *avoir* ; mais ils en ont un troisieme, *faire*, qui leur est particulier. Pour dire *j'aime Dieu*, ils disent, *aimer je fais Dieu.*

Leurs prétérits s'expriment comme chez nous, par les auxiliaires, *j'ai*, *j'avois*.

Ils ont, comme nous, un aoriste *j'ai aimé*, *j'aimai*. Dira-t-on que ces Peuples barbares, reclus dans un coin du monde, l'ont pris des Grecs, pendant que les Latins, qui font entre deux, n'en ont point ?

Je finirai par dire que nous trouvons dans cette langue un bon tiers au moins des mots de notre François, & l'étymologie d'un très-grand nombre de nos termes, qu'on chercheroit en vain dans le Grec ou dans l'Allemand, de furnoms de famille, de noms propres de lieux, de villes & de rivieres, &c.

ARTICLE VII.

Langue Biscayenne.

ELLE se parle en-deçà & en-delà des Pyrénées. On croit que c'est l'ancien *Cantabre*, ou l'ancienne langue des Espagnols, avant que les Romains les eussent assujetis.

On dit que les *Esquimaux*, près de la baie

d'*Hudson*, ont un langage qui a quelque rapport avec le *Biscayen*. On n'en peut inférer autre chose, sinon que quelques navires Basques ont fait naufrage en cet endroit, & que l'équipage y est resté, & s'y est multiplié.

CHAPITRE II.

De la Langue Esclavonne.

L ES Anciens ne connoissoient les Peuples du nord de l'Asie, que sous le nom de *Scythes* ou de *Sarmates*. Dans la suite, ils donnerent à chacune des Nations, qui vinrent s'établir en Europe, les noms d'*Illyriens*, de *Dalmates*, ou d'*Esclavons*. Ce dernier nom, qui est beaucoup plus nouveau, est devenu celui de la langue du nord-est de toute l'Europe.

L'ancien Esclavon ne se parle plus, de même que le Latin & le Grec ; mais les divers Peuples qui le parloient, y ont changé chacun quelque chose par la suite des temps, & on y reconnoît toujours la même origine.

Les dialectes qui en sont sortis, se sont répandus dans la *Bulgarie*, la *Servie*, la *Dalmatie*, la *Croatie*, l'*Esclavonie*, la *Boheme*, la *Moravie*, la *Siléfie*, la *Pologne*, la *Russie*, &c. Ils se sont étendus de même du côté de l'Asie : en sorte que *Gesner* compte jusqu'à soixante Peuples qui parlent l'Esclavon, chacun dans son dialecte.

Ne pouvant traiter de tous ces idiômes, je dirai seulement deux mots du Russe, du Polonois & du Bohémien.

ARTICLE PREMIER.

Du Russe.

LE Russe a quarante-une lettres, dont plusieurs ressemblent aux caracteres Grecs. Cela peut venir de la Religion Chrétienne, qui les y a introduits.

Il n'a point d'articles ; il a les trois genres masculin, féminin & neutre.

Le verbe a aussi les trois genres, en sorte que si c'est une femme qui parle, ou dont on parle, il a une terminaison différente ; mais quand il n'a rapport ni au masculin, ni au féminin, il s'appelle neutre, & on emploie pour lors une troisieme terminaison.

Il n'a besoin de l'auxiliaire que pour le plusqueparfait.

Le même auxiliaire ne sert point au passif, comme chez nous ; mais au lieu de dire, *je suis aimé*, on dit, *ils m'aiment.*

ARTICLE II.

Le Polonois.

IL a des caracteres qui ressemblent un peu à ceux de l'Allemand.

Il a trente-neuf lettres, parce qu'il y a des lettres, soit doubles, soit simples, qui, moyennant un accent, ont une prononciation différente.

Ils prononcent le *c* comme *ts*, quelque voyelle qui suive.

Ils expriment l'*i* comme nous ; mais leur *y* a une prononciation entre l'*é* & l'*i*, à laquelle je doute que nous puissions atteindre.

Leur *g* ſe prononce toujours durement.

Ils ont notre *l* mouillée, que n'ont point les Allemands.

Ils ont, après l'ablatif, un ſeptieme cas, dont leur Grammaire ne donne point l'application.

Leurs verbes ont les mêmes temps que nous, mais ils n'ont point notre aoriſte ni nos auxiliaires.

Ils n'ont point de paſſif, & ſe ſervent de circonlocution, comme les Ruſſes.

Ils ont les trois genres, tant pour les noms que pour les verbes.

A r t i c l e III.

Le Bohémien.

C'eſt un des dialectes ſortis de l'Eſclavon. Ses caracteres, & ceux des Polonois, ſe reſſemblent. Il n'eſt pas difficile à ces deux Peuples de s'entendre.

Je vais mettre ici quelques mots de ces deux dialectes, pour montrer leur proximité, & en même-temps leur ſignification en Hongrois & en Allemand, pour faire voir que ces deux dernieres langues, qui ſont voiſines, n'ont aucun rapport avec l'Eſclavon.

Latin.	Polonois.	Bohémien.	Hongrois.	Allemand.
Anima	Duſſa	Duſſé	Lelek	Seele
Aqua	Woda	Woda	Viz	Waſſer
Argentum	Srebro	Stribro	Ezuſt	Silber
Aurum	Zloto	Zlato	Arani	Gold
Cœlum	Niebo	Nebe	Meni	Himmel
Deus	Bog	Bůh	Iſten	Gott
Filius	Syn	Syn	Fiu-ſi	Sohn
Ignis	Ogien	Ohen	Tuz	Feüer
Mater	Matka	Matka	Ania	Mutter
Pater	Ociec	Otec	Atia	Vatter
Pulvis	Proch	Prach	Por	Staube

Je remarque ici une difficulté qui est dans tous les idiômes tirés de l'Esclavon ; c'est qu'ils ont quelquefois quatre ou cinq consonnes de suite , sans aucune voyelle.

On a voulu donner à *St. Jérôme* l'honneur d'avoir inventé les lettres que les Esclavons emploient maintenant. Où en est la preuve ? S'il les eût inventées , n'auroit-il pas choisi plutôt les caracteres Hébreux ou Grecs ou Latins , qui sont bien plus nets que les Esclavons. Mais écoutons *Postel.*

« Un Docteur Théologien *Dalmate* , c'est-
» à-dire , Esclavon , nommé *Hiérôme* , inventa
» le premier , entre ceux de sa Nation , des ca-
» racteres avec lesquels il traduisit , en sa langue ,
» le vieux & le nouveau Testament ».

CHAPITRE III.

Langue Teutonique , Germaine ou Allemande.

*C*OVARRUVIAS a prétendu que les anciens Allemands parloient Grec, parce qu'il a trouvé quelques vieux mots Teutons, qui ressembloient à cette langue ; car les Savans du seizieme siecle vouloient rendre tout Grec, comme les Dévots veulent rendre tout Hébreu. Pour peu qu'on sache ces deux langues, on voit la folie de cette prétention.

On ne peut guere décider si les *Teutons* avoient des caracteres , & desquels ils se servoient avant *Charlemagne* , qui , le premier , dit-on , composa une Grammaire en leur langue.

Eginhard dit que ce Prince fit mettre par

écrit les loix, les ufages & les mots des Germains, qui n'exiftoient encore que dans la tradition.

Otfrid, fous Louis-le-Débonnaire, traduifit
les Évangiles en François, difoit-il, qui étoit
alors la langue des *Francs*, venus d'*Allemagne*.
Il eft vrai qu'il n'eft pas intelligible, même
pour la plupart des Savans Allemands; mais on
y trouve, à tout moment, les racines de l'Allemand moderne, & une infinité de mots qui
exiftent encore en entier.

Je ne détaillerai point fa progreffion; je n'en
pourrois dire affez pour un Allemand, & j'en
dirois trop pour un François, qui fe révolteroit
d'une lecture où il ne pourroit rien entendre.
J'ajouterai feulement que le renouvellement des
lettres, au quinzieme fiecle, aidant à rectifier
toutes les langues modernes, l'Allemand par-
vint à fa perfection dès le temps de *Luther*,
qui donna une traduction de la Bible, encore
eftimée.

Je m'en tiendrai donc à la marche que j'ai
fuivie jufqu'à préfent, qui eft de faire voir ce
que cette langue a de particulier ou de commun
avec les autres langues, tant pour les caracteres
que pour les premiers principes.

Leurs caracteres pour l'impreffion étoient autrefois une efpece de Gothique. Mais, dans ce
fiecle, ils ont imaginé d'imprimer en caracteres
Romains. Pour l'écriture à la main, elle eft très-
différente. Ils y feront peut-être quelque jour
la même réforme.

L'Allemand a vingt-quatre lettres qui fe fuivent comme les nôtres; mais il n'a point l'*y*;
& la prononciation de quelques-unes eft très-
différente.

A se prononce comme en François; mais lorsqu'il a un petit *e* dessus, il fait l'effet de l'*e*.

Leur *c* se prononce comme *tsé*, *cicero*, *tsitsero*.

Lorsqu'il est avec une *h*, on le prononce à peu près comme le χ des Grecs.

Machen, faire, dites *maken*.

g se prononce comme *gué*.

h, l'aspiration est très-forte.

i n'est jamais consonne; ainsi, au lieu de dire *Jesus*, comme nous, ils disent *iesous*.

o, quand il a un petit *e* dessus, se prononce comme *eu*.

q, quou.

s, comme nous; mais lorsqu'elle est devant un *p*, ou un *t*, elle se prononce comme *ch*; *Stadt*, ville, dites *Chtat*; *speck*, *lard*, prononcez *chpeck*.

t devant *i*, comme *tz*.

u; ils ont trois *u* : le premier consonne, *v* qui se prononce comme une *f*.

Le second, voyelle, comme *ou*; mais lorsqu'il y a dessus deux petits tirets ou un petit *e*, il se prononce à peu près comme un *i*, mais sans trop marquer l'*i*.

Le troisieme, qui est double *w*, se prononce *wé*.

z, dites *tzed*.

Malgré cette regle générale, la prononciation n'est pas exactement la même par-tout. *Munster* a remarqué que les Peuples des côtes de la mer Baltique changent l's en *t*, le *b* en *f*, & le *ts* en *t*: ce qui fait qu'ils ont de la peine à être entendus des Allemands du milieu des terres.

Ils ont, de même que nous, l'article dont ils pourroient se passer, comme font les Latins; car pour dire *pater*, *patris*, ils ont *vatter*, *vatters*.

Leurs noms ont les trois genres; ils mettent toujours l'adjectif devant le substantif : chez nous, ce n'est que l'usage qui le détermine ; nous le mettons tantôt devant, tantôt après. *Galant homme, Pont Neuf* ; nous ne disons point *homme galant, Neuf Pont,* quand, de ces deux mots, nous n'en voulons faire qu'un.

Ils ont cinq verbes auxiliaires ; *avoir, haben* ; *être, seïn* ; *devenir, werden* ; *vouloir, wollen* ; *devoir, sollen.*

Le premier est pour le prétérit de l'indicatif, *j'ai aimé, j'avois aimé.*

Le second, pour le passif, *je suis aimé, j'ai été aimé.*

Les trois derniers sont pour aider le futur ; qui n'a point de terminaison marquée, comme le Latin & le François ; ainsi, pour dire *j'irai,* ils disent, *je deviens* aller, *je veux aller, je dois aller.* Cette façon a plus d'étendue que la nôtre ; car *werden, devenir,* marque un avenir indéterminé : *wollen, vouloir,* marque un désir ou une volonté : *sollen, devoir,* marque qu'une chose se fera par devoir ou par commandement.

Ils n'ont point notre aoriste, *j'aimai.*

Ils séparent l'auxiliaire du verbe : *vous lui avez donné une commission, vous lui avez une commission donnée.*

Ce qu'il y a de plus embarrassant pour un Etranger, est qu'ils séparent la préposition de leurs verbes composés, pour la mettre à la fin de la phrase. En voici un exemple.

Auf est une préposition qui signifie *sur* ; *Halten* signifie *tenir.* Ces deux, joints ensemble, font *aufhalten,* qui veut dire *demeurer, résider.*

S'ils veulent dire, *il demeure à Cologne,* ils s'exprimeront ainsi ;

Er halt sich zu Coln auf.
Il tient soi à Cologne sur.

C'est comme fi, au lieu de dire, *il m'a fur-
fait dans ce marché*, nous mettions, *il m'a fait
dans ce marché fur*.

Cette tranfpofition eft quelquefois dans des
phrafes très-longues, & par conféquent la pré-
pofition très-loin de fon verbe.

Au refte, cette langue eft plus riche que la
nôtre ; nous n'avons de verbes compofés que
ceux que l'ufage admet. Les Allemands en forment dans le befoin ; mais auffi il faut convenir que fi nous perdons du côté de l'abondance, nous gagnons du côté de la clarté ; &
toutes les nations de l'Europe l'ont fi bien fenti,
que dans les conférences qui fe font pour les
traités de paix, on abandonne toutes les langues,
même le latin, pour traiter en François.

Ils ont beaucoup des inverfions du Latin.

Les Latins, vers le temps du bas-Empire,
fe fervoient de *vos* au lieu de dire *tu*, comme
faifoient les Romains dans les fiecles de la bonne latinité. Les Italiens ont imaginé de prendre
la troifieme perfonne. *Monfieur voudroit-il ?* Les
Allemands ont pouffé la politeffe encore plus
loin ; car ils difent au lieu de *voulez-vous*,
Meffieurs veulent-ils

Bouhours avoit agité fi un Allemand pouvoit avoir de l'efprit, mais *Gefner*, *Gellert*
& bien d'autres ont prouvé, dans ce fiecle, le
ridicule d'une pareille queftion.

Qu'auroit-il dit, s'il avoit vu *Klopftok*, non-
feulement fecouer le joug de la rime, à l'exemple de *Milton* & du *Triffin*, mais employer le
ryfme de la Poéfie Grecque & Latine, innovation qui a eu le plus grand fuccès.

Baïf & autres, il y a deux cens ans, voulurent entreprendre la même chofe pour nôtre

langue, mais ils n'en connoiſſoient point le génie: ils ne ſongeoient pas qu'il étoit difficile,
& peut-être impoſſible d'aſſurer chez nous les
voyelles longues & breves.

Ronſard, qui ſentit la difficulté de donner
de la grace aux vers de cette façon, lorſqu'il
voulut s'y eſſayer, fut obligé d'y ajouter la
rime.

Ils ne ſongeoient pas encore qu'avec ces vers
meſurés, il falloit donner une prononciation
marquée à nos *e* muets, qui ſont à la fin de
nos vers.

L'Allemand n'a point ces difficultés. Outre
cela, il eſt bien plus étendu pour ſes terminaiſons, tant dans les noms que dans les verbes,
qui ſont les mêmes chez nous, & y donnent
une monotonie que n'a point l'Allemand; car
nous diſons *le pere*, *du pere*; pendant que l'Allemand dit *vatter*, *vatters*. Cela donne plus d'étendue pour la verſification à la façon des Latins; car
vatter ſe trouvant ſuivi d'un mot qui commence
par une voyelle, a la derniere ſyllabe breve, &
vatters l'a néceſſairement longue. Moyennant
cela, il y a des occaſions où l'Allemand peut ſe
paſſer des articles qui ſont indiſpenſables chez
nous.

Il en eſt de même des verbes, *j'aime*, *tu aimes*,
il aime. L'Allemand dit, *ich liebe*, *du liebeſt*,
er liebt, ou *liebet*, où l'on voit qu'il peut ſe
paſſer de l'article, les terminaiſons en étant différentes.

Cette langue a encore la commodité des con-
tractions & des inverſions, qui ſont bien rares
chez nous.

Je reviens à M. *Klopſtok*; il eſt vrai qu'il n'a
point imaginé le premier cette ſorte de verſifi-

cation. *Conrad Gefner*, dans le feizieme fiecle, avoit entrepris des vers Allemands hexametres ; mais par ceux qu'il cite de fa façon, il paroît qu'il n'étoit pas en état de faire loi. Les breves & les longues n'y font point obfervées, comme la langue le demanderoit.

Quand on voudra comparer l'Allemand avec le Celtique, on verra qu'aux verbes auxiliaires près, & qui encore ne s'expriment point de même, chacun des deux fait une langue à part ; & fi elles ont cette feule reffemblance, cela vient de la communication des Peuples de la *Scythie*, qui ont inondé notre Europe, & qui ont porté ces mêmes auxiliaires dans toutes les langues de notre occident.

Comme chaque province de cette vafte contrée d'Allemagne, a fon Souverain particulier, il ne s'y trouve pas de point d'appui qui puiffe déterminer un langage uniforme. Chaque Etat varie un peu fur la prononciation & fur les termes ; mais c'eft toujours de l'Allemand. Il paroît cependant qu'on eft convenu que le *Saxon* eft l'Allemand le plus pur. Ainfi, je ne donnerai point le nom de dialectes à toutes ces différentes façons de parler ; mais j'en reconnois deux réels, le *Flamand* & le *Suiffe*. Comme ils font un corps abfolument féparé de l'Empire Germanique, leur langue primitive s'eft dénaturée davantage. Ces deux dialectes vont faire un chapitre particulier.

CHAPITRE IV.

Des Langues Flamande & Suisse.

ARTICLE PREMIER.

Langue Flamande.

GOROPIUS, Médecin Flamand du seizieme siecle, prétendoit qu'*Adam* parloit le bas-Allemand; ainsi cette langue, selon lui, est la premiere de toutes.

Les Flamands & Hollandois croyent que leur langue est plus ancienne que le haut-Allemand.

Cela pourroit être contredit; car on lit, dans la vie de Charlemagne, que les *Saxons* s'étant révoltés plusieurs fois, ce Prince, pour les affoiblir, prit le parti d'en transférer un tiers sur les côtes maritimes de la Flandre. Cela prouveroit que ces côtes n'étoient guere habitées, & qu'ainsi les *Saxons* eurent tout le temps d'y établir leur langue.

Ce qui est sûr, c'est qu'il est visible que l'une des deux a produit l'autre.

Le *Flamand* a les mêmes lettres que l'Allemand, & la prononciation à peu près la même, à l'exception de l'*u*, qui se prononce comme en François: l'*i*, chez eux, devient consonne, quand il est au commencement d'un mot; pour lors, il s'écrit par un grand *j*.

Il a les trois genres, beaucoup de mots qui sont les mêmes que dans l'Allemand, d'autres qui ne sont qu'un peu changés: j'en vais donner quelques exemples.

François.	*Allemand.*	*Flamand.*
Pain	Brodt	Broad
Chair	Fleisch	Vleesch
Vin	Wein	Win
Eau	Wasser	Water
Langue	Zunge	Tonge
Langue, Langage	Sprache	Spreke
Sang	Blut	Bloed
Terre	Erde	Aarde

Leurs articles & substantifs ont une très-petite différence dans leurs déclinaisons.

Ils ont quatre auxiliaires,

> *avoir*, *hebben.*
> *être*, *ziin.*
> *devenir*, *worden.*
> *devoir*, *sullen.*

qui répondent, comme on voit, aux mots Allemands, *haben*, *seïn*, *werden*, *sollen.*

Je n'irai pas plus loin : on comprend assez qu'il est aisé aux Peuples de ces deux langues de s'entendre.

Ils suivent à peu près, dans leurs phrases, la marche Françoise, qui est bien différente de celle des Allemands.

ARTICLE II.

Langue Suisse.

M. *Bochat*, de Lausane, dans ses *Mémoires critiques*, dit que, selon *César*, *Tacite*, *Strabon* & *Ptolomée*, il est hors de doute que le pays des *Helvétiens* étoit habité par les *Celtes* ou *Gaulois* ; & cela contre le sentiment de *Peucer* & de *Peutinger*, qui soutenoient que les Helvétiens étoient d'origine Germanique.

Il se peut faire qu'ils aient été *Celtes* ; mais il

eſt à croire que leur premiere langue ſe ſera dénaturée, quand ils eurent ſubi le joug des Rois Francs, & que comme, pendant pluſieurs ſiecles, ils ont fait corps avec la Germanie, la langue Germanique aura pris le deſſus dans leur pays.

Quoi qu'il en ſoit, il y a chez eux deux principales langues, l'Allemande & la Françoiſe : l'Allemande dans la partie orientale, & la Françoiſe dans la partie occidentale.

Voyons comme elles s'y ſont introduites : nous apprenons de *Suétone* & d'*Eutrope*, qu'*Auguſte* plaça vers le Rhin quarante mille Captifs Germains. N'eſt-ce point là le commencement de cette langue dans ce pays-là ?

Les Hiſtoires poſtérieures nous apprennent que pendant que les *Francs* entroient dans les Gaules, les Peuples Germains, & d'autres nommés *Allemands*, s'emparerent de l'*Helvétie*.

Elle fut quelque temps ſous la domination des Rois *Carlovingiens*. *Charlemagne* y tranſporta des *Saxons* ; & enfin, en 1037, ſous l'Empereur *Conrad*, elle fut réunie à l'Empire d'Allemagne, dont elle fit partie juſqu'en 1308, que les *Helvétiens* ſecouerent le joug.

Ce qui établit encore l'Allemand dans la partie orientale, c'eſt qu'il y eut beaucoup de Seigneurs Allemands qui y fonderent des villes, & que les Empereurs, dès le douzieme ſiecle, ordonnerent que tous les actes fuſſent rédigés en Allemand.

Venons maintenant au François qui ſe parle dans la Suiſſe.

Les Romains, qui poſſéderent ce pays pendant pluſieurs ſiecles, y envoyerent des Colonies, qui s'établirent principalement dans la partie occidentale. Le Latin y prit le dessus ; mais son mêlange avec la langue du Peuple, produisit un nouveau jargon, qu'on appella la langue Romance, qui se parloit en France, & qui a eu, jusqu'à présent, le sort de la langue Françoise en s'épurant avec elle.

Cette langue *Romance*, ou plutôt ce Latin barbare, a été long-temps en usage, même dans les actes publics ; mais dans le temps de la réformation, il fut absolument proscrit.

On a observé en général que le *Suisse* Allemand ressemble au langage du *Tirol*, de la *Suabe* & de la *Franconie* ; c'est-à-dire, qu'ayant emprunté de ces provinces, où l'Allemand n'est pas le plus pur, il y a encore changé en y mêlant des expressions de son pays natal.

On cite beaucoup de mots, qui ne sont ni Allemands ni François ; ils viennent donc d'une langue primitive.

On en trouve encore dans le patois quelques uns de Celtiques, d'autres qui ne peuvent venir que du Latin, & d'autres même Italiens.

Il faut cependant considérer que bien de ces mots ne sont restés que dans quelques cantons. Par exemple, aux environs du Pays de *Vaud*, on parle un jargon qui approche de l'ancienne langue *Romance*.

L'Allemand Suisse a beaucoup de termes qui ne sont point en usage dans l'Allemand moderne, & qui proviennent de l'ancienne langue des *Teutons* ou *Francs* ; comme on peut le prouver par le *Recueil des Antiquités Teutoniques*, de *Schilter*.

Il y a des cantons où le Peuple parle les deux langues Françoise & Allemande, par conséquent très-mal toutes les deux.

On a voulu soutenir que le Grec avoit pénétré jusques dans la Suisse, parce qu'on y croit
découvrir l'origine de quelques mots Grecs ; mais
cette origine peut être Celtique comme Grecque. S'ils viennent de *Marseille*, ce ne peut
avoir été que par le commerce. Mais *Marseille*
même a bientôt perdu sa langue, puisque les
Savans de cette ville, dès le cinquieme siecle,
n'écrivoient plus qu'en Latin. Tel est, entr'autres,
le Prêtre *Salvien*.

CHAPITRE V.

Des Langues Suédoise & Danoise.

On a décidé que les langues du Nord, telles
que le *Suédois*, le *Danois* & l'*Anglois*, provenoient de la langue Germaine ou Teutonique, que l'on regarde comme une langue-mere.

L'Anglois en vient sûrement en partie, puisque les *Anglo-Saxons* ont fait la conquête de
la Grande-Bretagne ; mais il faut avouer que
toute Nation qui n'a point été domptée, qui n'a
point éprouvé les mêmes révolutions que les
autres Peuples, & qui, au contraire, a fait des
incursions dans leur pays, doit avoir moins perdu,
& conservé plus long-temps chez elle les mots
de premiere nécessité. Or, l'Allemande, inondée du côté du Nord, par les Peuples de la *Scan-
dinavie*, du côté de l'Orient, par les différentes
Nations de Sarmates ou de Scythes, & du côté
du Midi, par les Romains, a dû nécessairement
souffrir une dégradation plus grande dans sa
langue.

ARTICLE

ARTICLE PREMIER.

De la Langue Suédoise.

Il sembleroit donc que le *Suédois*, qui ne s'est pas trouvé dans le même cas, devroit être la langue primitive de toutes ces contrées : si elle a beaucoup de mots qui paroissent Allemands ou Latins, ce seront les émigrations des *Suédois* qui les auront portés en Allemagne. Quant au latin, la Religion a pu les introduire en *Suede*.

Quoi qu'il en soit, la marche de toutes ces langues est presque la même, à l'exception de la prononciation dans quelques termes & des terminaisons. Mais il y a une infinité de mots dans le *Suédois* & dans le *Danois*, qui font absolument étrangers à l'Allemand.

Les *Suédois* different encore des *Allemands* dans l'*a* marqué ainsi, qu'ils prononcent comme un *o*, pendant que les Allemands, lorsqu'ils mettent des points sur l'*ä*, le prononcent comme *eu*.

Ils donnent à l'*u* la prononciation Allemande *ou*.

Ils ont l'*y* Grec, que les Allemands ne connoissent point ; mais ils lui donnent la prononciation de l'*u* François.

Leurs articles se déclinent, & ont une *s* au génitif, comme les Allemands.

Ils ont, de même qu'eux, les trois genres.

La marche du verbe suit la construction Françoise & Allemande, par le moyen des auxiliaires.

Comme l'Allemand, le *Suédois* a besoin d'un auxiliaire pour le futur ; mais il n'en a que deux, & ces auxiliaires ne se séparent point du verbe, comme il arrive dans l'Allemand; ce qui est bien plus naturel.

L'infinitif est toujours terminé en *a*, à la différence des Allemands, qui le terminent en *en*.

Aimer, *alska*; l'Allemand dit *lieben*.

Pour les composés, on ne sépare point ordinairement le verbe simple de sa préposition, comme je l'ai remarqué dans l'Allemand; si quelquefois on la sépare, elle ne s'écarte jamais beaucoup de son verbe, & est toujours dans le même membre de la phrase.

A R T I C L E   II.

Langue Danoise.

Le *Danois* & le *Suédois* ont une grande affinité; & l'on peut dire que le *Danois* n'est qu'un idiôme sorti de la langue *Suédoise*, & que ces deux langues n'ont de rapport avec l'Allemand, qu'en ce qu'elles ont plusieurs mots semblables; mais qui décidera laquelle a emprunté de l'autre?

Il a les trois genres pour les articles & noms, & les auxiliaires comme toutes les langues modernes de l'Europe.

Il a besoin de l'auxiliaire pour le futur, comme le *Suédois* & l'*Allemand*.

Son infinitif est toujours terminé en *e*, à la différence du *Suédois*, qui est en *a*.

La construction *Danoise* & *Suédoise* est à peu près la même; mais très-différente de l'Allemande.

Il y a, à la vérité, plusieurs mots des trois langues qui paroissent avoir la même origine; mais on en trouve encore plus dans le *Suédois*

& dans le *Danois*, qui n'ont aucun rapport avec l'Allemand : j'en vais préfenter ici quelques-uns, pour en faire voir la différence.

François.	*Allemand.*	*Suédois.*	*Danois.*
Arbre	Baum	Trad	Traé
Bois	Wald	Skog	Skow
Payfan	Bauer	Bondé	Bondé
Femme	Weib	{ Huftru / Grouinna }	Koné
Maladie	Krankeit	Siuckdom	{ Sigé / Kranked }
Santé	Gefundheit	Halfa	Sunhed
Manger	Effen	Ata	Ædé
Boire	Trinken	Drika	Drikke
Baifer	Küffen	Kiffa	Kifs
Aimer	Lieben	Alska	Elske
Haïr	Haffen	Hata	Hadé
Donner	Geben	Gifwa	Give
Oublier	Vergeffen	Glomma	Glemmé
Croire	Glauben	Tro	Troé
Prêter	Leihen	Läna	Leané
Porter	Tragen	Bara	Baéré
Marcher	Gehen	Gå	Gaaé

Pour les auxiliaires.

J'ai	Ich habe	Jag har	Jag er
Je fuis	Ich bin	Jag är	Jag er

On voit ici quelques mots qui fe reffemblent un peu dans les trois langues; quelques uns du *Danois* qui reffemblent à l'*Allemand*, qui lui eft voifin, mais beaucoup pris du *Suédois*, & qui n'ont aucun rapport à l'*Allemand*.

CHAPITRE VI.

De la Langue Angloise.

Il est probable que les anciens Bretons parloient la langue Celtique, qui s'est réfugiée dans la province de *Galles*, comme la partie Celtique des Gaules a vu son langage se confiner dans le fond de la basse Bretagne.

Je tire mes conjectures de *César* & de *Tacite*. *César* dit que les Gaulois passoient souvent dans la Bretagne pour s'instruire dans la discipline des *Druides*. Et *Tacite* observe que la langue des Gaules différoit peu, de son temps, de celle des Bretons.

Les *Anglo-Saxons*, qui habitoient les côtes de la mer d'Allemagne, depuis la riviere d'*Ems*, le *Veser*, l'*Elbe*, jusqu'à la *Trave*, à l'est du duché de *Holstein*, & qui comprenoient aussi le Danemarck, furent appellés par les *Bretons*, qui étoient perpétuellement inquiétés par les incursions des *Pictes*, peuples d'Ecosse.

Ces *Anglo-Saxons*, trouvant le pays meilleur que le leur, s'en emparerent en 446. C'est de-là que la grande-Bretagne a pris le nom d'Angleterre.

On juge bien que ces Barbares causerent une dégradation bien grande dans le langage du pays, par le mêlange des deux idiômes.

En 1066, *Guillaume le Bâtard*, Duc de Normandie, fit la conquête de l'Angleterre, & y donna des loix en langue Normande.

Voilà une seconde dégradation au Breton primitif.

Les succeffeurs de *Guillaume*, Maîtres de la moitié de la France, en rapporterent infenfiblement une partie des mots François de ce temps-là; mais il paroît qu'ils n'en ont guere emprunté que les fubftantifs; car, pour les verbes & leur marche, on voit qu'ils étoient déjà établis du temps des *Anglo-Saxons*.

Quant à leurs auxiliaires, je crois qu'on ne peut décider s'ils viennent du Celtique ou de l'ancien Teuton.

Au refte, on peut foutenir que leurs verbes en général, & une partie de leurs noms, font vifiblement tirés de la langue Germanique, comme j'en donnerai plus bas quelques exemples.

Edouard III fut le premier qui ordonna que tous les actes, procédures & plaidoyers cefferoient d'être écrits en langue Normande, & fe feroient déformais en Anglois. C'eft de-là que cette langue a commencé à prendre la forme qu'elle a maintenant.

Ainfi l'*Anglois* moderne eft un compofé des reftes de l'ancienne langue des *Bretons*, de l'*Allemand* & du *François*. On y trouve même quelques mots *Danois*, & plufieurs autres Latins, que la Religion Chrétienne y a introduits.

Il a, outre les mêmes lettres que nous, le *w*; mais la prononciation des voyelles eft fort différente de la nôtre.

L'*œ* fe prononce ordinairement comme *ai*.

Grace, dites *graice*. Il a cependant quelques exceptions.

L'*e* a les différentes prononciations que nous avons, comme dans *beauté*, *être*, *conftance*; mais lorfqu'il eft double, comme *ee*, il fe prononce comme un *i*.

j s'exprime quelquefois comme chez nous,

ai ou *ei*, quelquefois comme en François, & quelquefois comme un *e*.

L'*o* est une voyelle très-inconstante, & dont on ne peut apprendre la prononciation que par l'usage ; car quelquefois il ressemble à notre *o*, d'autres fois à notre *a*.

L'*u* ressemble quelquefois au nôtre, quelquefois il se prononce comme *iou*.

Le *w* se prononce comme *ou*.

L'*y*, *beauty*, comme chez nous, *beauté* ; dans les monosyllabes, comme *ei*.

Quant aux consonnes, il y en a qui se prononcent différemment.

Le *c*, qui s'exprime de même que le nôtre, se prononce comme un *t*, quand il est devant une *h*.

Le *g* devant un *e* & un *i*, comme en Italien, *dgé*, *dgi*.

Malgré cette regle, il y a un nombre infini d'exceptions.

Qu se prononce comme *tou* en François ; *sh* comme nous *ch*.

Th a différentes prononciations qui ne peuvent s'apprendre que par l'usage.

Je ne dis pas tout, ne prétendant point donner ici une Grammaire ; mais seulement marquer les principales différences.

On voit par-là que l'*Anglois*, qui n'est point difficile pour un homme qui ne veut que le lire, & qui a quelque teinture de l'Allemand & du François, devient d'une très-grande difficulté pour les Etrangers qui veulent le parler.

Il faut remarquer encore que la conformation de l'intérieur de la mâchoire étant différente chez bien des Nations, & les Anglois, entr'autres, serrant les dents plus que nous, leur prononciation doit être différente de la nôtre.

Ils ont des articles, comme nous ; mais ils n'ont point de genre ; ils diront *a man*, un homme, *a woman*, une femme.

Leurs verbes n'ont point notre aoriste, *j'aimai*, que nous tenons du Celtique.

Leur infinitif n'a point de terminaison marquée, comme en François, en Latin & en Allemand. Pour le faire connoître, on ajoute *to*, qu'on prononce *tou*.

J'ai dit que l'Anglois est principalement pris de l'Allemand ; en voici la preuve :

François.	*Allemand.*	*Anglois.*
J'ai	Ich hab	I have

Il faut savoir que bien des Nations changent l'*u* en *b*, & le *b* en *u*.

Tu as	Du haft	Tu haft
Il a	Er hat	He hat
Veiller	Bewachen	To wake

Il est bon de se souvenir que le *ch* des Allemands ne se prononce point comme en François, mais plus de la gorge.

Commencer	Beginnen	To begin
Apporter	Bringen	To bring
Rompre	Brechen	To break
Lier	Binden	To bind
Venir	Komen	To come
Boire	Trinken	To drink
Tomber	Fallen	To Fall
Trouver	Finden	To find
Pendre	Hängen	To hang
Baiser	Küssen	To kiss
Apprendre	Lernen	To learn
Faire	Machen	To Make
Chanter	Singen	To sing
Voir	Sehen	To see
Filer	Spinnen	To spin
Tourner	Wenden	To wind

Ajoutons quelques noms.

François.	Allemand.	Anglois.
Pere	Vater	Father
Mere	Mutter	Mother
Frere	Bruder	Brother
Sœur	Schwester	Sister
Ami	Freund	Friend
Bœuf	Ochs	Ox
Dieu	Gott	God
Terre	Erde	Eart
Sang	Blut	Blood
Faim	Hunger	Hunger
Sable	Sand	Sand
Vent	Wind	Wind
Eau	Wasser	Water
Froid	Kalt	Cold
Chaud	Warm	Warm

C'en est assez ; je ne mettrai point les noms tirés du François : on les distinguera assez en lisant de l'Anglois.

Cette langue n'est point aussi étendue, ni aussi riche que l'Allemand ; cependant, il s'est trouvé de grands hommes qui ont su exprimer tout ce qu'ils vouloient dire : ce qui prouve qu'un esprit supérieur peut donner de la force & de l'énergie à une langue qui seroit même stérile.

Shakespear, dans ses Tragédies immortelles pour les Anglois, avoit déjà montré la supériorité de son génie, pendant que nos *Jodelles* & nos *Garniers* rampoient encore dans le bourbier du Parnasse. Il est au-dessus de tout dans certains endroits, où il imite la nature ; mais doit-on l'imiter aussi dans les choses les plus basses ? On dira que nous avons notre goût, & les Anglois le leur. En ce cas, comme dit M.

de Voltaire, c'est aux autres Nations savantes à nous juger.

Je ne parle point de *Milton*, ni des Ecrivains en tout genre qui sont venus après lui : le détail en seroit trop long, & ils sont assez connus.

On n'a guere commencé à composer des livres en Anglois que du temps des premieres disputes des Catholiques & des Protestans. Tous les livres s'écrivoient auparavant en Latin.

On peut compter encore plusieurs langues différentes en Angleterre & en Ecosse.

Au tome II de l'*Histoire du Concile de Constance*, page 46, on voit que les Anglois prétendoient avoir alors chez eux cinq langues : l'Anglois, l'Ecossois, l'Irlandois, le Gascon, le Galois, & le langage de Cornouaille. Ils devoient dire six.

L'Anglois étoit la langue moderne, mêlée de l'ancienne langue du pays, du Saxon & du Normand.

L'Ecossois étoit la langue des Montagnards d'Ecosse, qui est à peu près la même que celle des *Irlandois* ; car dans le reste de l'Ecosse on y parle Anglois. Cette langue des Montagnards s'appelle la langue *Erse*. On trouve, dans le Journal Etranger de Septembre 1760, deux morceaux traduits de l'Anglois, qui l'avoient été autrefois de la langue *Erse*. On y voit ces images accumulées, prises des grands objets de la nature, & toutes les beautés & les défauts qui caractérisent ce que nous appellons le style Oriental. Cela ne pourroit-il pas entrer dans une des preuves, que toutes les émigrations des Peuples sont venues du côté de l'Asie ?

L'*Irlandois*, parce que les Anglois possédoient

l'Irlande ; mais on ne l'a jamais parlé en Angleterre : au contraire, du temps de la Reine *Anne*,
on a fait tout ce qu'on a pu pour introduire la
langue Angloise dans l'Irlande.

Le Gascon ; les Anglois avoient possédé, il
est vrai, la Guyenne ; mais il ne pouvoit s'être
introduit chez eux que quelques mots d'une province aussi éloignée.

Le Galois ; cela n'est point étonnant : il sub-
siste encore, & est en partie l'ancienne langue
Celtique.

Quant au langage du Peuple de *Cornouaille*,
il est différent de l'Anglois & du Galois. S'il
vient aussi de l'ancien Celtique, c'est ce qu'il est
difficile de décider : en ce cas, cette province
étant plus enclavée dans l'Angleterre, a dû perdre davantage de sa langue primitive.

Mettrons-nous encore au nombre des langues
de ce pays-là, celle des Orcades, & autres isles
au nord de l'Ecosse ? Les Peuples en sont encore
barbares. Leur langage tient, un peu, dit-on,
de l'ancien Gothique.

CHAPITRE VII.

De la Langue Grecque ancienne & moderne.

Je ne conseillerois pas, pour vouloir examiner
l'origine de cette langue, de s'embarrasser dans
la lecture de *Cicéron*, de *Pline*, de *Plutarque*,
&c. parmi les Anciens ; ni de consulter, parmi
les modernes, *Génébrand*, *Postel*, *Bibliander*,
Polidore Virgile & une infinité d'autres. On trouveroit qu'ils ne s'accordent point entr'eux ; on

n'en rapporteroit que du doute. Il vaut donc mieux ne point faire de recherches inutiles.

Le Grec se parloit non - seulement dans la Grece proprement dite ; mais dans l'*Ionie*, c'est-à-dire, dans les villes maritimes qui entouroient toute l'Asie mineure ; dans la Sicile ; dans la partie de l'Italie, qui est le Royaume de *Naples*, & qu'on appelloit la grande Grece : il se parloit encore dans les isles de la mer *Egée*, en *Candie*; à *Rhodes* & en *Chypre*.

Je ne parle point des Colonies Grecques, qui s'étendirent le long des côtes de toute la Méditerranée.

Servius, dans son *Commentaire sur Virgile*, croit que le Grec est plus ancien que le Latin. La preuve qu'il en donne, est que les Latins ont pris un nombre infini de mots Grecs, & que les Grecs n'en ont presque pas emprunté d'eux.

Cela n'est point étonnant ; les Romains, en profitant des connoissances des Grecs, ont nécessairement adopté les termes des Sciences que ceux-ci leur apprenoient.

Servius pouvoit donner une raison plus simple, qui est que la langue Grecque avoit acquis toute sa pureté dès le temps d'*Homere*, près de trois siecles avant *Romulus*, & que, du temps de ce Fondateur, la langue latine, si elle existoit, étoit encore dans toute son enfance.

Comme toute la Grece étoit composée de Républiques, chaque République pouvoit soutenir que son langage étoit le meilleur ; ce qui n'arrive point aux pays Monarchiques, où la Cour donne le ton.

Ils avoient quatre dialectes différens : l'Eolique, l'Attique, l'Ionique & le Dorique. Cependant l'Attique passoit pour le plus élégant.

Leurs Poëtes se donnoient une liberté que les nôtres ne pourroient pas prendre. On écrivoit dans un dialecte ; on cherchoit dans un autre, soit pour les expressions, soit pour la marche du verbe, ce qui pouvoit convenir à son vers.

Souffriroit-on chez nous un Auteur qui mêleroit, au langage de Paris, des expressions ou des mots particuliers aux Bourguignons, Gascons ou Normands ?

Cette langue, si belle, si étendue, si riche, a eu le sort de toutes les choses humaines, qui ne peuvent toujours rester dans le même état. Cependant elle n'est point déchue autant que le latin, ni aussitôt ; en voici la raison : la Grece a bien été ravagée par différens Peuples barbares ; mais aucun, avant *Mahomet II*, n'a fait corps avec elle, comme les *Goths* & les *Lombards* l'ont fait avec les Italiens.

La dégradation est venue insensiblement. La délicatesse mal entendue aura fait adoucir des lettres, raccourcir des mots, changer la prononciation des voyelles. On aura ensuite écrit comme on prononçoit : cela seul suffisoit pour dénaturer la langue ; ajoutez à cela les mots nouveaux que les Peres Grecs ont cru devoir inventer ; le commerce des Génois & des Vénitiens, & les incursions des Esclavons, du côté du Nord ; des Latins, du côté de l'Italie ; & des Sarrasins, du côté du Midi. Ainsi, il s'y est glissé un nombre prodigieux de termes étrangers.

Quoique la langue changeât imperceptiblement de siecle en siecle, les Ecrivains se servoient toujours de l'ancien Grec. On le voit dans *Cédrene, Anne Comnene & Nicétas*, qui vivoient dans les onzieme, douzieme & treizieme siecles, mais on sent toujours la différence du style, par les barbarismes qui se trouvent dans leurs écrits.

Il ne faut pas oublier ce que dit *Anne Comnene*, dans la vie de son pere *Alexis Comnene*. Elle y parle d'une chanson qui avoit été faite en l'honneur de ce Prince, en langue vulgaire.

Cela prouve bien qu'il y avoit, de son temps, un nouveau langage qui étoit commun, & par conséquent devoit avoir déjà quelque antiquité.

Le Grec moderne n'est point aussi étendu que l'ancien. Dans une partie de la Macédoine, l'Esclavon a pris le dessus; & le Grec est resté avec sa dégradation dans la Grece, dans les isles de la mer Egée ou Archipel, dans *Candie*, dans *Chypre*, & encore dans cette derniere isle, il y a plusieurs autres langages.

On le parle aussi dans les isles à l'ouest de la Grece jusqu'à *Corfou* & sur les côtes de l'*Anatolie*; mais tous ces lieux séparés forment nécessairement autant de dialectes différens.

Parlons maintenant plus en particulier de ce Grec moderne, pour montrer une partie des changemens qu'il a occasionnés dans les principes de l'ancien.

Il a bien les vingt-quatre lettres de l'ancien Grec, mais on prononce *vita* au lieu de *beta*. Il y a des Savans qui prétendent que c'est l'ancienne prononciation qui a été conservée.

Adrien de Valois n'est pas de ce sentiment, & voici ses raisons.

On trouve dans tous les exemplaires de *Juvenal*, Satyre 14 :

Hoc dicunt omnes antè alpha & beta puellæ.

Mais ce qui est bien plus fort, il cite un ancien vers Grec, qu'il donne en Latin:

Is fatuus perinde ac ovis bébé dicens incedit.

Soutiendra-t-on que les moutons ont changé leur prononciation; il faudroit le prouver?

L'*eta* se prononce *ita*.

Théta, presque comme *seita*.

Le *g* devant *e* & *i*, comme le *gk* des Italiens.

Le *to* est adouci après une *n*, & se prononce comme un *d*.

Au, comme dans *autos*, se prononce comme *aftos*.

De même *eu* comme *f*.

L'*upsilon* est *ipsilon*.

Il y a trois genres, comme dans le Grec ancien.

Leurs articles & noms n'ont point d'ablatif, non plus que les anciens Grecs.

Ils sont les mêmes, à l'exception du génitif & du datif, qui s'expriment également par *tou*, pendant que l'ancien Grec dit *tou* au génitif, & *to* au datif.

Leurs noms n'ont point le duel, ni l'aoriste des Anciens.

Ils ont les auxiliaires comme dans les langues modernes, *j'ai*, *je veux*.

Leur futur en a un comme l'Allemand, *j'écrirai*, *je veux écrire*; pendant que l'ancien Grec a un futur marqué, *tupto verbero*, *tupso verberabo*.

Leur infinitif se termine en *oo*, à la différence des Anciens, qui le terminoient en *ein*.

J'ai marqué à l'article de la *Géorgie* l'innovation qu'ils ont faite par leur *m*, suivie d'une consonne au commencement d'un mot,

Enfin, les Grecs modernes n'entendent point l'ancien Grec.

On prétend que le Péloponefe a confervé davantage de la langue primitive. Cependant, *Laguilletiere*, dans fon *Athenes ancienne & moderne*, foutient que le langage de cette ville eft le moins corrompu de toute la Grece, & que le Grec littéral, qui n'eft guere entendu autre part, l'eft à Athenes.

On pourroit accorder ces deux fentimens, en difant, avec cet Auteur, que l'élocution d'Athenes eft plus pure, mais la prononciation moins agréable, & qu'en *Morée*, fur-tout à Napoli de Romanie, l'inflexion de la voix eft plus douce & plus naturelle.

Je viens de dire que les Grecs modernes n'entendent point ou très-peu le Grec ancien : outre ce que j'ai remarqué de la prononciation changée, l'ortographe l'a été auffi ; & le nombre infini de mots qui fe font intrus, & ont chaffé les anciens, fait bien voir qu'il eft fort difficile que le bon Grec foit entendu maintenant. J'en vais donner ici une vingtaine d'exemples, pour le prouver encore davantage.

Latin.	*François.*	*Grec ancien.*	*Grec moderne.*
Abfcondo	Je cache	Apocrupto	Crubo
Ædifico	Je bâtis	Oicodomeo	Crifo
Æftas	Eté	Theros	Calocaïre
Affinis Cognatus }	Parent	Sugfenes	{ Couniados Edicos
Alauda	Alouette	Corudos	Lodola, *Ital.*
Angor	Chagrin	Ademonia	Picra
Anfa	Anfe	Labè	Manico, *Ital.*
Aqua	Eau	Udôr	Néron
Argentum	Argent	Arguros	Afemi
Arcus	Arc	Toxon	Doxari
Aries	Belier	Crios	Criari

Latin.	François.	Grec ancien.	Grec moderne.
Armentum	Troupeau	Agelè	Mandra, *Ital.*
Aucupor	Je chasse aux oi∫.	Ornitotereûô	Poulologo
Aurum	Or	Chru∫os	Malama
Bacculus	Bâton	Bactron	Rabdi
Balnéator	Le maître d'un bain.	Balaneus	Loutragès
Barba	Barbe	Pôgôn	Geneia
Bolus	Morceau Bouchée	Bolos	Mpoucouni
Brevis	Bref, court.	Brachus	Contos
Ci∫ta Cap∫a	Panier Corbeille Ca∫∫ette.	Ki∫tè	Phounta. Calathi.
Immortalis	Immortel	Athanatos	Pantolino
Occultus	Caché	Cruptos	Erumenos
Perficio	J'acheve	Apoteleô	Pleronô

C H A P I T R E   VIII.

Langue Latine.

Elle a été beaucoup plus étendue que la Grecque, la domination des Romains s'étant portée, infiniment plus loin.

Ils envoyoient des Colonies dans toutes les provinces ∫ubjuguées, ∫oit pour les contenir, ∫oit pour récompen∫er les vieux Soldats.

Ce fut de cette façon qu'ils accoutumerent à la langue latine, les Gaules, l'E∫pagne, la Grande-Bretagne, toutes les côtes d'Afrique, depuis les Colonnes d'Hercule ju∫qu'à l'Egypte ; & au nord, les Nations en-deçà & en delà du Danube (1). Outre cela, les loix par le∫quelles les

___

(1) A propos de cela , je puis remarquer ici que dans

Provinces conquifes étoient gouvernées, étoient toutes écrites en Latin. Tous les Jugemens des Préteurs ne fe pouvoient rendre qu'en cette langue. Il y avoit de plus, au rapport de *Tacite* & de *St. Jérôme*, des Ecoles latines dans toutes les grandes villes ; & lorfque la Religion Chrétienne eut pris le deffus, on prêchoit au Peuple en Latin dans tout l'Occident.

Alors toutes les Nations barbares perdirent en partie l'ufage de leur langue maternelle. Les Grecs furent les feuls qui conferverent la leur dans toute fa pureté. Les écrits fans nombre de leurs Anciens l'avoient trop bien établie ; & les Romains fentoient trop le befoin qu'ils avoient d'une langue, qui, feule, renfermoit toutes les fciences connues alors.

Le Latin pénétra moins du côté de l'Orient ; le *Syriaque* s'y conferva encore long-temps ; & en Egypte, le *Copte* & le *Grec* furent toujours les langues ordinaires, qui ne changerent que lors de la domination des Sarrafins.

Il eft bon de favoir que, du temps des Rois de *Rome*, & même long-temps après, il y avoit cinq principales langues en *Italie* ; celle des *Gaulois Cifalpins*, qui pouvoit être le Celtique ou le Germain. L'*Etrufque*, langue entiérement perdue : par quelques mots que les Ecrivains anciens nous en ont confervés, on voit qu'elle ne reffembloit point du tout au Latin. Le *Latin*, qui fe parloit dans le pays qu'on appelloit le

la *Valachie* & la *Moldavie*, qui apparemment n'étoient peuplées que des Colonies Romaines, que l'Empereur *Trajan* établit dans la province de *Dace*, le Latin s'y eft confervé jufqu'à ce jour ; mais il s'eft corrompu par la fuite, & approche maintenant de l'Italien.

Latium. La langue *Osque*, qui étoit connue du côté de *Capoue*, très-différente auffi de la Latine. Il faudroit voir l'Hiftoire de la Jurifprudence Romaine, par M. *Terraffon*, 1750; & dans cette hiftoire, le Recueil de 109 Pieces, qui y eft joint. Dans ce Recueil, il y a un *Senatus-Confulte*, contre la fête des Bacchanales, qui eft écrit en langue *Osque.* On y peut voir les remarques que fait l'Auteur fur cette langue.

Et enfin, la langue Grecque, qui fe parloit en *Sicile*, & dans toute la partie orientale de l'Italie, qu'on appelloit la *grande Grece.*

Le Latin a eu le fort de toutes les autres langues, en leur communiquant plufieurs de fes mots, & en en adoptant plufieurs des leurs. Et *Denis d'Halicarnaffe* difoit que la langue des Romains n'étoit ni entiérement Barbare, ni entiérement Grecque, mais qu'elle étoit mêlée de l'un & de l'autre : elle l'étoit auffi de celle des Gaulois. Les Latins, de leur aveu même, ont pris de ceux-ci les noms de plufieurs de leurs voitures. Qui dit qu'ils n'en ont pas pris d'autres, comme les Gaulois en auront pris des leurs ? Ainfi, tel mot que nous croyons venir du Latin, eft peut-être originaire Gaulois, ou vient d'une langue plus ancienne que ces deux-ci.

On a voulu faire remonter le Latin depuis *Janus* & *Latinus*, pour arriver à *Romulus.* Je m'en tiens à la divifion qu'en a faite le Cardinal *Adrien*, dans fon *Traité de la langue Latine.*

Le Latin très-ancien, l'ancien, le parfait & l'imparfait.

Le très-ancien, depuis *Romulus* jufqu'à *Livius Andronicus*, qui, le premier des Poëtes Latins, fit repréfenter une Comédie 240 ans avant J. C.

C'eft en ce très-ancien Latin qu'étoient écrites les tables des Décemvirs, & les Loix facrées, que *Cicéron* lui-même n'entendoit pas.

L'*Ancien*, depuis *Livius* jufqu'à *Cicéron*. Dans cet intervalle, fe trouvent *Névius*, *Pacuvius*, *Lucilius*, *Plaute*, *Ennius* & *Térence*.

Ennius tâcha en vain de fecouer le joug de la barbarie de fon fiecle ; il s'en reffentit toujours.

Térence eft le feul de cet âge qui ait eu la force de donner à fon ftyle de la pureté & de la netteté, au point que *Cicéron* regardoit fes ouvrages comme le modele & la regle du langage.

Je remarque ici ce que rapporte *Polibe*. Il dit que depuis la premiere guerre *Punique*, qui fe termina 140 ans avant J. C. temps auquel écrivoit *Livius*, la langue avoit fi fort changé dans l'efpace de cinquante ans, que les Romains eurent befoin d'Interprêtes à la fin de la feconde guerre, pour leur expliquer les termes du premier traité qu'ils avoient fait avec les Carthaginois.

Le *parfait*, qui ne contient guere que depuis *Cicéron*, jufques & compris les trois ou quatre premiers Empereurs.

C'eft dans cet heureux temps que parurent, pour la profe, *Cicéron*, *Varron*, *Salufte*, *Trogue Pompée*, malheureufement abrégé par *Juftin*. Pour la poéfie, *Lucrece*, qui tient encore un peu de la vétufté, *Virgile*, *Horace*, *Catulle*, *Tibulle*, *Properce*, *Gallus*, *Ovide*.

L'imparfait a dû commencer dès le temps de Néron ; car *Quintilien*, qui vivoit fous *Domitien*, fe plaignoit que la langue étoit déjà changée ; & en effet, les Nations fubjuguées, qui inonderent alors la ville de Rome & l'Italie, durent apporter peu à peu au Latin cette dégradation que remarquoit *Quintilien*. Il voulut le rétablir dans toute sa pureté; mais *Séneque* le Philosophe avoit donné le ton par son style affecté & trop coupé.

Cependant on vit paroître, dans le même temps, à ce qu'on croit, *Pétrone*, dont on a dit que le style étoit *puriſſima impuritatis*.

Ensuite parut *Pline* l'ancien, estimé principalement pour son érudition prodigieuse.

Quinte-Curce, qu'on croit du temps de *Veſpaſien*, son Latin est encore pur.

Pline le jeune, sous *Trajan*, s'éloigna du bon goût du siecle d'*Auguſte*.

Tacite. Son style serré & nerveux le rend souvent difficile à entendre. & encore plus difficile à traduire.

Suétone, sous *Trajan* & *Adrien*, se sent encore de la bonne latinité.

Aulugelle a été placé au nombre des Auteurs classiques; cependant sa latinité n'a ni l'élégance, ni la pureté des Ecrivains reconnus pour modeles.

Apulée vivoit dans le même temps, c'est-à-dire, sous les *Antonius : St. Auguſtin* dit qu'il est éloquent & fleuri ; mais *St. Auguſtin* vivoit dans un siecle où l'on n'étoit pas bon Juge en fait de style.

Les Profateurs qui suivirent, si on en excepte *Lactance*, dégénérerent de siecle en siecle jusqu'à *St. Grégoire*, qui faisoit des solécismes exprès, pour prouver qu'il songeoit moins à la pureté du langage, qu'à la propagation du Chriſtianiſme.

Quant aux Poëtes, *Lucain* veut surprendre, par des pensées quelquefois belles, mais qui n'ont point le naturel de *Virgile* ; il est presque toujours enflé.

Perfe eſt obſcur & ſouvent inintelligible.

Séneque le Tragique. Les ſentences qu'il emploie avec profuſion, gâtent ſon ſtyle, & ont gâté ceux qui ſont venus après lui.

Martial donne dans une affectation de pointes & de ſubtilités qui avoient commencé à être en vogue dès le temps de *Caligula.*

Stace, tantôt haut, tantôt bas : ſon ſtyle eſt mauvais & enflé, quand il veut prendre ſon eſſor. *Scaliger* prétend qu'il eſt le Poëte pour l'Epique, qui approche le plus de *Virgile* ; mais c'eſt qu'il n'y en avoit point de bon entre eux deux.

Silius Italicus avoit fait l'acquiſition de deux maiſons de campagne, l'une deſquelles avoit appartenu à *Cicéron*, & dans l'autre étoit le tombeau de *Virgile.* Moyennant ces deux tréſors, il crut pouvoir acquérir le don de l'éloquence & de la poéſie.

Jules Scaliger dit qu'il peut être bon Auteur, ſans être bon Poëte. Il veut dire apparemment qu'ayant fait une hiſtoire exacte de la guerre Punique, & l'ayant entrepriſe en vers, il eſt devenu mauvais Poëte.

Si *Juvenal*, qui eſt venu après, s'eſt conſervé dans la bonne latinité, il eſt le ſeul ; cependant on lui reproche de n'être point aſſez naturel.

Les Auteurs du temps de Conſtantin, comme *Juvencus*, Poëte Chrétien, commencent à mêler leurs vers de barbariſmes.

Auſone, ſouvent dur, quelquefois rampant, malgré les louanges qu'on lui a données, ne ſe ſent point de la belle latinité.

Prudence. Son ſtyle eſt barbare. Il fait même des fautes de quantité dans ſes vers. *Baillet* prétend qu'il y a plus de chriſtianiſme que d'art

poétique dans ses ouvrages ; cependant on a
exalté autant qu'on a pu ces Poëtes Chrétiens,
pour tâcher de les opposer aux Anciens, qui n'é-
toient que des Payens. Le Pere *Rapin*, de meilleure foi, avoue qu'ils n'ont pu s'élever au-dessus
de la foiblesse de leur siecle.

Enfin, *Claudien* parut sous les regnes d'*Ar-
cadius* & d'*Honorius*. Il est, sans contredit, le
premier des Poëtes qui ont écrit depuis *Virgile*.
Son style est châtié, noble & aisé, & ne se sent
point de la barbarie, qui s'introduisit dans le
langage dès *Constantin*. Cependant, il y a eu des
Critiques qui ne l'ont point trouvé assez pur. Je
trouverois moi que son vers marche trop souvent sur la même cadence.

Après lui, *Sidonius Appollinaris* ne fit que
prouver la décadence de la langue.

Coripus, qui vivoit du temps de *St. Grégoire-
le-Grand*, c'est-à-dire, sur la fin du sixieme
siecle, est à peu près le dernier des Poëtes qui
ont écrit dans la langue encore en usage en
Italie. Ses vers sont mauvais, durs & obscurs.

Je remarque que *Claudien*, qui étoit resté
Payen, ne s'étoit nourri que de la lecture des
Anciens ; au lieu que les Ecrivains de son temps,
qu'un zele mal entendu avoit porté à rejetter
cette étude, se copioient les uns les autres, &
étoient obligés d'incorporer, dans leur langue,
les mots de la Religion Chrétienne, qui n'é-
toient rien moins que poétiques. Cela, selon
moi, aida au dépérissement de la belle latinité,
indépendamment de celui qui arrive dans toutes
les langues, par la suite des siecles, & par les
différens événemens.

Cependant, le fond du Latin se conserva toujours, principalement à *Rome*. Les Papes n'é-

crivoient qu'en cette langue, qui étoit reftée affectée aux prieres publiques ; mais pendant ce temps-là le langage du peuple prit peu à peu le deffus, & devint enfin la langue maternelle. C'eft ce que nous allons voir dans le Chapitre fuivant.

CHAPITRE IX.

Langue Italienne.

GIANNONE, dans fon *Hiftoire du Royaume de Naples*, cite un Auteur ancien, qui dit que, du temps de *Juftinien*, c'eft-à-dire, au milieu du fixieme fiecle, il y eut un acte paffé à *Ravennes*, dans le même langage qu'on a appellé depuis l'*Italien*.

« *Conceptum eo ferè fermone quo nunc vulgus Italiæ utitur* ».

Giannone ajoute encore que, du temps de *Frédéric II*, vers l'an 1220, cette langue étoit déjà fi commune, qu'on ne la regardoit plus alors comme une nouveauté.

Voyons pourquoi la langue latine s'eft ainfi dénaturée dès le fixieme fiecle.

Les Barbares qui fortirent de la *Scythie*, & vinrent inonder l'Occident, étoient partagés en différentes peuplades, qui avoient chacune leur nom particulier. Les *Hérules*, un de ces Peuples, entrerent en Italie fous la conduite d'*Odoacre*, en 475, & mirent fin à l'Empire d'Occident. Ils ne dominerent qu'environ vingt ans.

Théoderic, Roi des *Oftrogots*, autre peuple

venu du Nord, s'empara de la plus grande partie de l'Italie; mais il y laiſſa les *Hérules*, qui s'y étoient établis.

Ce Prince & ſes Succeſſeurs y dominèrent juſqu'en 552, année dans laquelle *Narsès*, Lieutenant de *Juſtinien*, détruiſit l'Empire des *Oſtrogots*; mais le corps du Peuple reſta toujours en *Italie*.

Il eſt bon d'obſerver que *Théodoric* conſerva les noms anciens des villes & les Loix Romaines; ainſi le latin ne ſe dénatura pas entiérement de ſon temps. Seulement le mélange des *Hérules* & des *Oſtrogots*, avec la langue du pays, y avoit déjà apporté un changement conſidérable.

A propos de ce Prince & de la Nation, je m'écarterai un peu pour parler des Goths. Ces Peuples, qui étoient les mêmes que les *Getes*, ſortis du nord de l'Europe, dans l'incurſion qu'ils firent dans les provinces de l'Empire Romain, furent connus ſous deux noms différens. Ceux qui occuperent les Eſpagnes, prirent celui de *Viſigots* ou *Goths* occidentaux; ceux qui entrerent en Italie furent nommés *Oſtrogots* ou *Goths* orientaux.

Leurs Hiſtoriens rapportent que *Vulphilas*, *Goth* de Nation, Evêque de *Gothie*, qui vivoit ſur la fin du quatrieme ſiecle, inventa des lettres & caracteres pour ſa Nation, & traduiſit les Saintes Ecritures de la langue Grecque en langue Gothique.

Cependant *Johannes Magnus* a prétendu que les *Goths* avoient eu leurs caracteres avant *Vulphilas*. Il en tire la preuve d'anciens monumens ſur leſquels on trouvoit des figures de lettres gravées. Et *Olaus Magnus*, ſon frere, liv. 8, ch. 2, de ses *Histoires septentrionales* , rapporte que les *Goths* avoient encore , de son temps , un livre écrit en leur langue ; composé par un de leurs Rois , nommé *Diceneus* , qui fut le premier qui enseigna à sa Nation la Philosophie & la Religion de Pythagore.

Il ne se trouve point de traces de cette ancienne langue. Quelques-uns ont cru qu'elle étoit la même que celle des *Celtes* ; d'autres , qu'elle ressembloit à la langue Teutonique.

Quoi qu'il en soit , il y a toute apparence que c'est cette Nation qui a commencé à dénaturer le Latin , tant en Italie , qu'en Espagne , & que les mêmes regles des articles & des verbes auxiliaires , qui ont été ajoutés à la langue du pays , viennent de ces *Goths*-là , comme elles viennent en François du *Celtique* : en ce cas, le Celtique , l'Allemand & le *Goth* , pourroient avoir eu leur origine d'une langue plus ancienne , & perdue maintenant.

Revenons. Les *Lombards*, venus aussi du Nord , entrerent en Italie au nombre de 200000 en 568. Ils formerent un grand Royaume dans le Milanois & les provinces circonvoisines , & s'emparerent même du Duché de Bénévent , vers le Royaume de Naples. Cette derniere incursion acheva d'anéantir l'ancienne langue latine. Car ceux-ci changerent les noms des villes , & y mirent des Magistrats de leur Nation ; & les nouvelles loix qu'ils promulguerent, étoient toutes en leur langue.

J'ai déjà remarqué que le Latin se conserva plus long-temps à Rome & dans les actes publics de cette ville. La Religion, qui n'employoit que cette langue , y contribua beaucoup. Il n'en fut pas de même dans les autres provinces de l'Italie.

On voit le Latin dégénérer dans les actes publics, & dans les capitulaires des Rois.

Nous voyons sous les Rois Normands, à Naples :

Dohanna, pour exprimer *Douane*.
Herbagium, ... *Herbage*.
Beccaria, ... *Boucherie*.
Jus anchoragii, . . . *Droit d'Ancrage*.

L'*Italie*, dominée par différens Princes, eut différens dialectes.

Le *Piémont* & le *Mont-Ferrat*, plus près des Alpes, eurent le leur.

Le *Milanois*, où le langage est rude, se ressent encore de son origine *Lombarde*.

Le *Vénitien*, plus près de l'Allemagne, en a pris beaucoup de mots, & en a conservé en même temps plusieurs de l'ancien Latin, autres que ceux dont l'Italien se sert.

Les Grecs ont laissé, dans le Royaume de Naples, beaucoup de leurs termes ; & les Normands ensuite, & même les Espagnols, y en ont introduit des leurs.

Ajoutez à cela la prononciation que chaque Peuple y a apportée de son pays. Tout cela, comme on peut juger, a causé la différence des dialectes.

Rome & la Toscane, plus dans le centre du bon Latin, ont aussi donné plus de pureté à la nouvelle langue, qui prenoit le dessus.

Celle-ci, qui étoit déjà la langue maternelle au commencement du treizieme siecle, avoit presqu'atteint sa perfection, pendant que la nôtre étoit encore dans l'enfance & dans la barbarie.

Le Dante parut sur la fin du même siecle.

Elle fut fixée, autant qu'une langue peut l'être,

par *Pétrarque* & par *Bocace*, dans le quatorzieme fiecle.

Et par *Machiavel*, *Guichardin*, *l'Ariofte*, le *Taffe*, le *Guarini*, dans le feizieme.

Mais ce qui aida le plus à fa perfection, fut la retraite des Savans Grecs en Italie, après la prife de *Conftantinople*. Ils donnerent le goût des belles-lettres aux Italiens, qui en profiterent pour embellir leur langue; & les *Médicis*, qui les protégerent, acheverent cet ouvrage.

Il ne tint pas au Cavalier *Marin*, dans le dix-feptieme fiecle, de la dénaturer par le faux brillant & la bifarrerie des idées dont il a rempli fon Poëme d'*Adonis* : elle fembloit dégénérer, lorfque l'Abbé *Métaftafe* lui a rendu fa premiere énergie & fa douceur.

Et la célebre Académie de la *Crufca*, contribue peut-être encore plus à la maintenir dans toute fa pureté.

Cette langue, une des plus douces & des plus agréables qu'il y ait, a pénétré dans prefque toutes les isles de la Méditerranée, à Conftantinople, & même dans quelques Cours de l'Allemagne.

Il eft forti d'elle une autre langue ou jargon utile pour le commerce dans toutes les échelles du Levant; je veux dire la langue Franque, qui eft entendue des Puiffances Barbarefques, des Armateurs & Forbans, depuis *Gibraltar*, jufqu'en *Syrie*; c'eft un Italien corrompu, mêlé du *Provençal*, du *Catalan* & du *Grec moderne*.

Quoique l'Italien foit très-commun, je fuivrai mon plan par rapport aux lettres & à la prononciation.

Il a rejetté trois de nos lettres.

Le *k*.

L'*x*, comme trop dur, à la place duquel il met deux *ff*, *Alexander*, *Aleffandro*.

Et l'*y* Grec, comme inutile.

Voici les lettres qu'ils rendent différemment que nous & que l'Allemand : *cé*, *ci*, ils difent *dché*, *dchi* ; *cicéro*, *dchidcherone*, pendant que l'Allemand prononce *tfitfero*.

ch fe prononce comme nous faifons *ké* ou *ki* ; l'Allemand le prononce à peu près comme nous, mais moins marqué.

gé, *gi*, comme *dgé*, *dgi* ; l'Allemand dit *gué*, *gui*.

gli, comme notre *l* mouillée ; l'Allemand ne connoît point cette prononciation.

Le *t* avant l'*i*, quand il fuit une autre voyelle, fe prononce comme *ts* : *notitia*, *notitfia*. L'Allemand le prononce comme l'Italien.

Le *z*, comme *dz* ; *zani*, boufon, dites *dzani*. L'Allemand diroit *tfani*. Cependant les Italiens ont des mots où ils marquent le *t*, comme dans *zaffo*, boudon, bouchon.

C H A P I T R E X.

Langue Efpagnole.

LES Hiftoriens Efpagnols comptent que le *Bifcayen* eft le même que l'ancien *Cantabre*, qu'ils difent être leur langue primitive ; mais ils ajoutent qu'elle étoit une de celles qui font forties de la confufion de *Babel*. On croira cela fi l'on veut.

Quoi qu'il en foit, elle a fouffert bien des révolutions depuis ce temps-là.

Les Carthaginois, qui ont été long-temps les Maîtres de l'Efpagne, ont dû apporter le *Phé-*

nicien de *Carthage*, qui sûrement ne pouvoit être auſſi pur que celui de *Tyr*.

Les Romains, vainqueurs, non-feulement lui donnerent leurs loix, mais l'obligerent à parler leur langue ; l'ancienne fut prefque oubliée, d'autant que les Savans de ce beau pays ne fongerent plus qu'à écrire en Latin. Mais au commencement du cinquieme fiecle, toutes les parties de ce grand Royaume furent ravagées par les *Vandales*, les *Sueves* & les *Alains*. Enfin, les *Vifigots* y ayant formé une domination ſtable, dénaturerent la langue des Romains, & y introduifirent la marche qu'ont adoptée toutes les Nations de l'Europe, c'eſt-à-dire, les articles & les verbes auxiliaires, qui, fans changer totalement les mots, donnoient cependant un tour nouveau à la phrafe.

Ce ne fut pas tout : les *Mufulmans*, animés d'un zele fanatique, fe mirent en tête de convertir toute la terre. Ils parcoururent, les armes à la main, l'Egypte & toutes les côtes de Barbarie. Ils poufferent leurs conquêtes jufqu'en *Efpagne*, au commencement du huitieme fiecle, & y fonderent plufieurs dynaſties. Une domination de fept fiecles entiers apporta néceſſairement du changement dans le langage ; en forte que les Efpagnols avoient été obligés de recevoir chez eux des mots *Puniques*, *Romains*, *Goths* & *Arabes*.

Cependant, le latin prévalut toujours, tant par rapport aux Rois *Goths*, qui le foutinrent toujours dans les montagnes d'*Afturie*, & au Royaume de *Leon*, & dont les Peuples conferverent leur langue demi-Romaine, que par rapport au Chriſtianifme, dont l'office fe faifoit toujours en Latin.

En effet, cette langue avoit si fort dominé en Espagne, qu'il y avoit paru des Ecrivains célebres, j'entends les *Séneques*, *Martial*, *Lucain*, *Pomponius Mela*, *Quintilien*, *Columele*. Et elle y a prévalu de façon que le Castillan d'aujourd'hui, malgré les révolutions qui sont arrivées depuis, n'est presque qu'un Latin corrompu.

L'Espagnol commençoit à prendre la forme qu'il a aujourd'hui, lorsqu'*Alphonse X* obligea ses Sujets de mettre en langue Castillane tous les titres, contrats & écritures publiques, qui, avant lui, avoient toujours été écrits en Latin.

Les Auteurs Espagnols ont dit que leur langue s'est appropriée les principales graces de la Latine, de la Françoise, de l'Italienne & de l'Arabesque. En effet, elle est noble & expressive; mais ses Ecrivains ne lui ont donné ni la netteté du François, ni les graces de l'Italien. Leurs Poëtes, en général, ne font point naturels; ils font tous montés fur des échasses. Cependant, l'Espagnol est assez beau, de son propre fonds, & se passeroit aisément de ces beautés empruntées qui le dégradent.

On peut dire pourtant, à leur louange, que beaucoup de leurs Prosateurs ne se sont point laissé entraîner aux défauts qu'on reproche à leurs Poëtes.

Les principaux Auteurs, qui ont fait honneur à cette langue, sont des seize & dix-septieme siecles.

Ceux du seizieme sont;

Le *Boscan*, Poëte.

Garcilasso, Poëte.

Guevarra, Auteur de la vie des Princes, ou de *Marc-Aurele*, histoire fabuleuse.

Mariana, Hiſtoire d'Eſpagne.

Michel Cervantes, Auteur de l'inimitable Dom-Quichotte.

Sainte Thérèſe, Auteur de pluſieurs ouvrages myſtiques.

Louis de Grenade, Auteur de la Guide des Pécheurs & de pluſieurs livres aſcétiques.

Ceux du dix-ſeptieme ſont :

Lopès de Vega, Auteur de plus de 500 Comédies & de 200 Farces , pour être exécutées dans des Fêtes de Religion.

Caldéron & *Auguſtin Moreto*, Poëtes Comiques.

Antonio de Solis, l'élégant Panégyriſte de *Fernand Cortez*.

Balthaſar Gracian, Moraliſte & Politique, que le Pere *Bouhours* n'entendoit pas , & que *Amelot de la Houſſaye* & le Pere de *Courbeville*, nous ont fait entendre dans leurs traductions.

On pourroit nommer encore, pour le dix-huitieme ſiecle , *Ferreras*, Auteur d'une grande Hiſtoire d'Eſpagne.

Ajoutons qu'*Antoine Nebriſſenſis*, ſous le Cardinal *Ximénès*, contribua beaucoup à l'embelliſſement de ſa langue, par un Dictionnaire qu'il compoſa ; & *Covarruvias*, ſous Charles-Quint , rechercha l'origine des termes de l'Eſpagnol.

Je remarque ici qu'il eſt plus grave que l'Italien , & qu'il a porté ſa gravité juſques dans le dialecte Italien du Royaume de Naples , que les Eſpagnols ont poſſédé long-temps, & poſſedent encore par une branche de la Maiſon de Bourbon.

J'ai paſſé tous leurs Romans , qui ſont en grand nombre ; mais dans tout cela , on ne voit point de Philoſophes. Les Moines & l'Inquiſition ont toujours craint ceux qui veulent examiner la nature, leur ignorance leur faiſant croire qu'on en vouloit à la Religion. Il paroît que cette Nation ſpirituelle ſecouera enfin le joug de ce redoutable Tribunal.

Il y a en Eſpagne, outre l'Eſpagnol, deux autres langues, & preſque autant de dialectes que de provinces.

Les deux langues ſont le *Biſcayen* & l'*Arabe*.

Le Biſcayen, qu'on croit être l'ancien *Cantabre*, ſe parle en *Biſcaye*, à *Guipuſcoa*, en *Navarre* & aux *Aſturies*, c'eſt à dire, dans les parties montueuſes du Nord-eſt de l'Eſpagne, que les Romains n'ont jamais bien pu dompter, & où les Sarraſins n'ont point pénétré.

La langue Arabe s'eſt conſervée dans les montagnes du Royaume de *Grenade*, appellées *Alpuxaras*, parce que cette province, occupée par les Sarraſins, a été réduite la derniere par les Rois de Caſtille.

Quant aux dialectes, il y en a deux principaux, le *Catalan* & le *Portugais*.

Les Catalans ayant plus de communication avec les François méridionaux, & s'étant toujours occupés du commerce de mer, adopterent bien des mots étrangers, & leur langage dégénéra, au point d'être à préſent preſque une langue différente, plutôt qu'un dialecte de l'Eſpagnol.

J'en vais mettre ici quelques mots pour en donner la preuve.

Catalan.	François.	Eſpagnol.
Anar	Aller	Andar
Atiar los tions	Attiſer le feu	Atiſar los tizones.
Beguda	Potion	Bevida
Diſpoſar	Diſpoſer	Diſponer

Ferro

Catalan.	François.	Espagnol.
Ferro	Fer	Hierro
Fer troſſos	Mettre en pieces	Hazer pedaços
Livres cent	Cent livres	Libras ciento
Meſurar	Meſurer	Medir
Nom, *nomen*	Nom	Nombré
Pas-d'avant-pas	Petit-à-petit	Paſſo ante paſſo
Petit	Petit	Pequeño
Rebré	Recevoir	Recebir
Recollir	Recueillir	Recoger
Tendreſa	Tendreſſe	Ternura

Pour le Portugais, quoiqu'on y reconnoiſſe parfaitement l'Eſpagnol, & que les Peuples de ces deux contrées puiſſent s'entendre, comme les Portugais ont ſecoué le joug de la Caſtille, ils ont ceſſé de regarder le Caſtillan comme leur langue-mere, & ont cherché à embellir leur patois, dans lequel tous leurs livres ſont écrits. Ils ont même oſé s'élever juſqu'au Poëme épique.

Le *Camoens*, dans le ſeizieme ſiecle, donna ſa *Luṛiade*, ou *la découverte des Indes Orientales*, par *Gama*, Poëme qui a ſes beautés, & que les Portugais ont comparé à l'*Enéïde*. Les autres Nations ſavantes, malheureuſement, n'ont pas penſé de même.

Le Portugais lui-même a un dialecte particulier dans les *Algarves*, qui, plus voiſins de l'Afrique, ont conſervé ou adopté plus de mots Africains.

Je finirai ce chapitre en parlant des lettres Eſpagnoles, & de la façon de les prononcer.

Le *b* & l'*u* conſonne s'emploient indifféremment, ſe mettent ſouvent l'un pour l'autre, & ſe prononcent de même.

De même auſſi le *c* & le *ṛ*, & encore le *g* & l'*j* conſonne.

G

Le *c* est comme le nôtre, mais lorsqu'il a une cédille *ç*, il fait, comme en François, l'effet d'une *s*. Nous tenons des Espagnols cette cédille.

Lorsqu'il est avec une *h*, on ajoute dans la prononciation un *t* auparavant *chico*, petit, dites *tchico*.

g se prononce de la gorge, & avec aspiration.

gn, comme dans *magnanimo*, se prononce comme en Latin.

gua, comme *goua*.

gué, *gui*, comme en François *guérir*, *guide*.

Je remarque sur l'*h*, que les Espagnols l'ont très-souvent substituée à l'*f* des Latins, *formosus*; ils disent *hermoso*, *ferrum*, *hierro*.

j consonne, de la gorge avec aspiration.

l double, même au commencement d'un mot, se prononce comme notre *l* mouillée, ou comme le *gli* des Italiens : *llamar*, crier ; *llorar*, pleurer ; dites *gliamar*, *gliorar*.

Je crois que les Espagnols emploient souvent cette premiere *l*, pour éviter une autre consonne ; ainsi ils mettent *llamar* au lieu de *clamar* ; *llano* au lieu de *plano* ; *llorar* au lieu de *plorar* ; *llaga* au lieu de *plaga*.

n, lorsqu'il y a un tiret sur l'*ñ*, elle s'exprime comme notre *gn* ; *año*, année, dites *agno*.

q, dans *qua*, dites *quoua*.

Dans *que* & *qui*, comme en François.

s, que nous adoucissons souvent, est très-fort en Espagnol, *hermoso*, beau, prononcez *hermosso*.

t, suivi de la voyelle *i*, comme nous dans *perfection*, *action*.

u voyelle est toujours prononcée en *ou*.

v consonne, *va*, *ve*, *vi*, *vo*, quelquefois comme *ba*, *be*, *bi*, *bo*.

Ces deux lettres se confondent souvent, comme j'ai dit.

Cette façon est purement Gasconne, & c'est par rapport à cela que *Scaliger* avoit dit des Gascons:

Quorum nil aliud vivere quam bibere.

x se prononce de la gorge, avec aspiration.

z, comme le *c* ; za, ze, zi, zo, zu, dites, *ça*, *çe*, *çi*, *ço*, *çou*.

J'ai dit que *g*, *j* consonne, & *x* se prononcent de la gorge, avec aspiration.

Ainsi un Etranger sera fort embarrassé ici : *la muger del hijo, del Ambaxador.*
la femme du fils de l'Ambassadeur.
Il confondra ces trois lettres. Il faut être vrai Castillan pour en faire la différence ; les provinces même n'y peuvent atteindre.

On voit, par-là, que la prononciation de l'Espagnol est plus difficile que celle de l'Allemand & de l'Italien, quoique cette langue, à apprendre par les yeux, soit très-facile pour un François qui sait le Latin.

Je n'en dirai pas davantage, sinon qu'elle a suivi le sort de toutes les langues nouvelles de l'Europe, qui ont tiré, de celles du Nord, leurs verbes auxiliaires & leurs articles.

SECTION QUATRIEME.

DE LA LANGUE DES GAULES.

CHAPITRE PREMIER.

Du temps de *Jules-César*, il y avoit trois langues dans les Gaules, comme trois principaux Peuples.

Les *Aquitains*, qui occupoient le Midi, & sur tout les parties près des Pyrénées. Ceux-ci parloient vraisemblablement un langage mêlé du *Cantabre*, qui étoit la langue des Espagnols, & du *Celte*, qui étoit celle des Gaulois, plus septentrionaux.

Les *Celtes*, qui occupoient le milieu des Gaules & l'*Armorique*, qui est maintenant la Bretagne.

Et les *Belges*, qui, plus près de la Germanie, devoient avoir un langage plus approchant de l'ancien *Teuton*; comme encore à présent, les *Flamands* & *Hollandois* parlent presque *Allemand*.

Strabon confirme ce que je viens d'avancer, en disant que le langage de toute l'Aquitaine avoit beaucoup d'affinité avec l'Espagnol, & que celui de la partie Belgique, qui confinoit le *Rhin*, avoit, de son côté, beaucoup de rapport avec la langue Germanique.

Venons à la langue Celtique, qu'on parloit au milieu des Gaules.

Il est bon de savoir d'abord que les *Celtes*,

originaires de la *Scythie*, ont anciennement occupé une partie de l'Europe, depuis les monts *Riphéens*, dans la *Scythie* Européenne, jusqu'à *Gadès* ou *Cadis*, en Espagne : de là est venu qu'une partie des Espagnols ont été appellés *Céltibériens* ; car le nom d'*Ibérie* étoit l'ancien nom de cette contrée, qui, au rapport de *Varron*, avoit été peuplée anciennement par les *Iberes*, & ensuite par les *Celtes*.

Pausanias dit que tous les Gaulois, en général, s'appelloient anciennement *Celtes*.

Leur langue s'est conservée davantage dans le milieu des Gaules ; & c'est celle qu'on y parloit seule, lorsque César en fit la conquête ; car *Tacite* dit que la langue Gauloise prouvoit que les Gaulois n'étoient point Allemands ; & dans *César*, on voit qu'*Arioviste*, Prince Allemand, avoit été si long-temps dans les Gaules, qu'il parloit la langue *Gauloise*.

On a prétendu qu'elle venoit du Grec, sous prétexte que *Varron* a écrit qu'à *Marseille* on parloit trois langues, Grec, Latin & Gaulois. Grec : cela n'est point étonnant, Marseille étoit une Colonie Grecque. Latin : elle étoit sous la domination des Romains. Gaulois : c'étoit la langue primitive de tout le pays.

Mais la preuve qu'on ne parloit point Grec dans le milieu des Gaules, c'est que *César*, voulant donner un avis à *Quintus Cicéron*, lui écrivit en Grec, afin, disoit-il, que si sa lettre étoit interceptée, elle ne fût point entendue par les Gaulois. Cela est d'autant plus aisé à concevoir, que ceux-ci n'ayant aucun commerce avec les Étrangers, & étant perpétuellement en guerre avec les Romains, ne songeoient point à s'instruire des usages & du langage des autres Nations.

Ce qui prouve encore qu'on ne parloit point le Grec dans le milieu des Gaules, c'est que *César*, qui savoit le Grec, ne parla point en cette langue à *Divitiacus Autunois*, mais se servit d'un Trucheman, qui savoit les deux langues Latine & Gauloise.

S'il s'est trouvé chez eux des mots qui paroissoient tirer leur origine du Grec, je pourrois être du sentiment de *Pasquier*, qui convient que lorsque les Gaulois furent soumis aux Romains, ceux-ci leur donnerent le goût des belles-lettres. Ils fréquenterent l'Université de Marseille, & purent ajouter à leur langue des mots Grecs & Latins, comme les Romains, eux-mêmes, de leur aveu, enrichirent la leur de plusieurs mots Gaulois. Mais je puis soutenir aussi que les mots de premiere nécessité, quoique semblables au Grec ou au Latin, appartenoient aux Celtes avant qu'ils connussent les Romains. Ainsi, j'en conclus que les termes ressemblans provenoient d'une langue primitive, dont le Grec, le Latin & le Celtique n'avoient été, dans les commencemens, que de simples dialectes.

Les Romains, Maîtres absolus des Gaules, y introduisirent leur langue. Les Gouverneurs étoient Romains ; les Garnisons Romaines : tous les actes publics ne se faisoient qu'en Latin, mais le Peuple conservoit toujours son ancienne langue.

Les choses resterent en cet état jusqu'à l'arrivée des *Francs*, & jusqu'à la destruction de l'Empire d'Occident. Alors il se trouva une troisieme langue dans les Gaules. Il étoit impossible qu'elles ne se dénaturassent toutes trois par ce mélange. Il s'en forma un nouveau patois : & comme la langue Romaine dominoit encore sur les deux autres, on appella ce nouveau langage , *Roman rustique.* Ce fut dans ce jargon que s'exercerent enfuite les premiers Poëtes qui voulurent écrire.

Depuis *Clovis* jufqu'à *Charlemagne* , on ne peut trop dire quel étoit le véritable langage des Gaulois. Il eft vrai que tous les actes & les Capitulaires s'écrivoient toujours en Latin.

Charlemagne , Maître de prefque toute l'Europe , & fondateur d'un nouvel Empire, voulut ramener le goût des belles-lettres , qui s'étoit entiérement éteint dans la premiere Race. Il compofa , dit-on , une Grammaire. On s'avifa alors d'écrire ; mais c'étoit dans une langue qui étoit *Teutonne.* Tout ce que nous avons de ce temps-là le prouve : on poffede encore une traduction des Evangiles , par *Otfrid* , qui eft en vieil Allemand. Cependant , on appelloit cela langue *Franque* ou Françoife.

Voici quatre vers rapportés par *Schilter*, d'après *Beatus Rhenanus* , & qui font en tête de ces Evangiles.

> Nu will ich Schriban unfer Heil
> Evangeliono deil
> So wir nu hiar bigunnon
> In Frenkifga zungun.

que *Pafquier* rend ainfi , mot pour mot :

> Or , je veux écrire notre falut,
> De l'Evangile partie ,
> Que nous ici commençons
> En Françoife langue.

Il eft vifible que tous ces mots font de l'ancien Allemand. On peut donc croire de-là que ce qu'on appelloit alors langue Francifque , étoit la langue des Francs, qu'on parloit à la Cour de Charlemagne & des premiers Empereurs.

Mais il y a une obfervation à faire ; c'eft que le corps de l'ouvrage d'*Otfrid* eft fûrement d'un Allemand beaucoup plus ancien que les quatre vers que je viens de rapporter.

Quoi qu'il en foit, nous n'avons encore ici aucune trace de notre François : cherchons un peu plus bas.

En 842 , *Charles-le Chauve* , Empereur, & regnant fur la France , & *Louis* , Roi de Germanie , fon frere, s'aboucherent à Strasbourg ; là , ils fe promirent, par un ferment folemnel, de ne s'abandonner jamais l'un l'autre. Le ferment de *Louis* le Germanique fut en langage *Romans*, que l'on parloit en France, & *Charles-le-Chauve* fit le fien en langue Tudefque.

Voici le ferment en langue *Romance.*

« Pro don amur & pro chriftian poblo &
» noftro comun falvament, dift di en avant,
» in quant don favir & podir me dunat, fi
» falveray eo cift meon fradre Karlo in adjudha
» & in cadhuna cofa, &c.

Qu'on a traduit ainfi.

« Pour l'amour de Dieu & pour le Peuple
» Chrétien, & notre commun fauvement , de
» cette journée en avant, & quant que Dieu
» favoir & pouvoir me donnera, ainfi je fau-
» verai ce mien frere Charles en aide & en
» chacune chofe ».

Les Efpagnols, les Italiens & les François pourroient foutenir qu'ils trouvent là un commencement de leur langue ; mais il s'agit ici de la nôtre. On voit que le Latin y eft abfolument dénaturé ; & cela vient de ce que le *Cel-*

tique , mêlé avec le *Franc* , avoit formé infenfiblement une nouvelle langue pendant le temps
de la premiere Race.

Mais voici le François qui va commencer à
paroître. *Borel* , dans la préface de fon Dictionnaire, cite le paffage fuivant, tiré d'une Bulle
d'*Alberon* , Evêque de *Metz* , de l'an 940.

« Bon vis Sergens & feaules en joye ti ; car
» pour cen que tu as efteis feaules fus petites
» cofes , je t'aufuferay fus grands cofes ; entre
» en la joye de ton Signour.

C'eft-à dire :

« Bon ferviteur & fidele , réjouis toi : car pour
» ce que tu as été fidele en petites chofes , je
» te conftituerai fur de grandes chofes : entre
» en la joie de ton Seigneur ».

Puifque je fuis arrivé au François , je vais
l'examiner de deux façons. Je rapporterai d'a-
bord fa progreffion dans la Profe , & enfuite
dans la Poéfie.

CHAPITRE II.

*Progreffion de la langue Françoife du côté de la
Profe.*

Douzieme & treizieme fiecle.

JE n'ai rien découvert du onzieme fiecle ; mais
je trouve au douzieme , dans la chronique manufcrite de St. Denis, une épitaphe rapportée par
Borel , au mot *Roullet* , de *Mories* ou *Maurice* ,
Evêque de Paris, mort en 1196.

« Je croy que mes membres vit , & que je
» feray reffufcitez ou derrien (*au dernier*) jor,

» & que je verray Dieu, mon Sauveur, en
» elle moie char, (*cette mienne chair,*) ne mie
» autre, que je mefmes verray & ne mie autres,
» & que mr vell (*nefcio*) regarderoient, &
» cette efpérance eft mife en mon cuer «.

Voici du ftyle de *Villehardouin*, qui vivoit
du temps de *Philippe-Augufte*, c'eft-à-dire, au
treizieme fiecle.

« Sçachiez que mille quatre-vingts & dix-
» huiɛts ans après l'Incarnation de noftre Sei-
» gneur Jéfus-Chrift, al temps *Innocent III*,
» Apoftoile, (*Evêque,*) & *Philippe*, Roy de
» France, & *Richard*, Roy d'Angleterre ; ot (*il*
» *y eut*) un Sainɛt homme en France, qui ot
» nom *Folque de Nuilly*. Cil (*celui*) Nuilly fi
» eft entre *Laigny-for-Marne* & *Paris*, & il
» ere (*étoit*, l'Italien dit *era*,) Preftre & tenoit
» le Paroiche de la ville. Et Cil *Folque*, dont
» je vous dy, commença à parler des *Diex*,
» (*de Dieu*,) fit mains miracles par luy. Sça-
» chiez que la renommée de cel Sainɛt homme
» alla tant qu'elle vint à l'Apoftoile de Rome,
» *Innocent*, & l'Apoftoile envoya un fien
» Cardinal, Maître *Perron de Chappes*, croifié
» (*qui s'étoit croifé*) & manda par lui le pardon
» tel comme vous diray. Tuit cil (*tous ceux*)
» qui fe croiferoient & feroient le fervice deu
» un an en l'oft, (*en l'armée*,) feroient quittes
» de tous les péchés qu'ils avoient faits. Porce
» que cil pardon fu iffy grant (*fi grand*) fi s'en
» efmeurent mult (*beaucoup*, dans la fuite on
» a écrit *mault*,) li cuers des gens & mult s'en
» croiffierent, porce le pardon étoit fi grand ».

Le même.

« Vos prient por Dieux que vos ayez pitié

» de la terre d'*Oftremer* , & de la honte de
» Jefus-Chrift vengier, comment ils puiffent
» avoir navire & eftoire (*flotte.*)

» Mult fut belle cette eftoire & riche , &
» mult y avoit grand fiance li cuens (*comte*)
» de Flandre, & li Pellerin, parce que la plus
» grant plantez (*abondance* , *quantité*) de leurs
» bons Sevians (*Soldats*) s'en allerent en cette
» eftoire ».

Tiré d'une morale manufcrite , compofée par
ordre de *Philippe-le-Hardi* , parlant de la charité.

« C'eft ce denier Dieu dont l'on achate tous
» les biens du monde , & toutes voyes (*toutes*
» *fois*) remains (*remanet* , *refte*) toujours dans
» l'aumofniere. (*bourfe.*)

Guillaume de Nangis , qui écrivoit fur la fin
de ce fiecle :

« Ce très-mauvais & malveillant Seigneur des
» affaffins habitoit en la confinité & contrée
» d'*Antioche* & de *Damas* , en châteaux très-
» bien garnis fur montagnes. Celui Roy étoit
» moult redouté & craint des Chrétiens & des
» Sarrafins , Princes prochains & lointains; pour
» ce que moult de fois eux par fes meffagers
» indifféremment faifoit occire. Car aucuns en-
» fans commandoit de fa terre eftre amenés en
» fes palais , & illec apprenoient toutes ma-
» nieres de langues, & étoient enfeignez d'ai-
» mer leurs Seigneurs fur toutes autres chofes ,
» & à lui jufqu'à la mort obéir ; qu'ainfi pour-
» roient aux joies du Paradis parvenir. Et qui-
» conque mourroit en obédience , étoit honoré

» au gré de la terre des affaſſins, & ainſi à
» leurs Rois obéiſſans, moult de Princes occi-
» rent, comme ceux qui de leur mort avoient
» peu de crainte ».

CHAPITRE III.

Quatorzieme ſiecle.

On voit, dans les regiſtres de la Chambre
des Comptes, une ordonnance de *Philippe-le-
Bel*, qui s'énonce ainſi :

« Que tous ceux des comptes veniſſent bien
» en la Chambre à heure de couſtume. Que
» nul n'entraſt en la Chambre pour conſeiller,
» ne pour parler d'autre beſoigne : & ſi nos
» grands Seigneurs vouloient conſeiller ou par-
» ler ſur autre beſoigne, qu'ils allaſſent à une
» autre Chambre ».

Voici comme parloit *Charles V* : on trouvoit
à redire de ce qu'il protégeoit les Clercs, ou
Gens de lettres ; il répondit :

« Les Clercs où a ſapience, on ne peut
» trop honorer, & tant que ſapience ſera
» honorée en ce Royaume, il continuera à
» proſpérité ; mais quand déboutée y ſera, il
» décherra ».

En effet, ce Prince encouragea les ſciences.
Il raſſembla les livres qui étoient dans différentes Maiſons Royales, qui pouvoient monter à
900 : & c'étoit beaucoup dans un temps d'ignorance, & où il n'y avoit que des manuſcrits :
encore c'étoient principalement des livres d'E-

glife, d'aftrologie, de médecine, de romans, quelques Poëtes Latins, mais pas un feul exemplaire de Cicéron.

Il y avoit auffi quelques traductions ; il fit mettre la Bible en François, par *Orefme*, fon Précepteur, Docteur de Sorbone, Evêque de Lizieux, & le plus favant de fon temps. Je n'en citerai qu'un trait, pour montrer de quelle utilité pouvoient être ces fortes d'ouvrages.

Il y a dans le Pfeaume 57 :

« *Priufquam intelligerint fpinæ veftræ rham-* » *num, ficut viventes, fic in ira abforbet eos* ».

Voici comme *Orefme* rendit la premiere partie de ce verfet.

« Avant que vos épines entendiffent rameaux »

On ne l'a pas mieux entendu depuis ce temps-là, mais on s'eft fauvé par l'allégorie.

Cependant, il faut donner un exemple un peu complet du langage de ce fiecle-là. Je le prends dans un acte de ceffion, qui fut fait à *Charles V*, par le Prévôt des Marchands, en 1365, cité par *Dubreuil*, dans fon *Théâtre des Antiquites de Paris*.

« Sçachent tous que nous Prévôt des Mar- » chands & Echevins de la bonne ville de Paris, » par la délibération du Confeil de ladite ville, » & pour obéir au Roy, qui de ce nous a voulu » parler, & pour accomplir fa volonté, fi com- » me tenus nous y fommes : lui avons, pour & » au nom de ladite Ville, tranfporté & dé- » laiffé, & par ces préfentes, tranfportons & » délaiffons, douze deniers parifis de fonds de » terre, & foixante fols de croix (1) de cens

____

(1) Petite monnoie de ce temps-là.

» ou rente annuelle & perpétuelle, de rentes
» de ladite ville, deubs par an au parloir (1),
» aux Bourgeois, que la ville avoit & prenoit
» par chacun an ; & en fus un hoftel, fi comme
» il fe comporte avec fes appartenances & dé-
» pendances, affis à Paris lez la Porte d'Enfer (2).
» .... Lequel hoftel eft ou fut des Religieux
» du Mouftier Notre-Dame de Bourgogne de
» Blois....... Et voulons, au nom de ladite ville,
» que des douze deniers parifis de fonds de
» terre, & defdits foixante fols parifis de croix,
» de cens ou rente, le Roy noftre Sire puiffe
» faire & ordonner, fi comme & où il lui
» plaira. En témoin de ce, nous avons fait
» féeller ces préfentes du féel de la marchan-
» dife. Fait & paffé, &c. »

On peut voir par-là, que les actes qui fe paf-
foient alors, étoient à peu près dans la même
forme qu'ils font maintenant.

CHAPITRE IV.

Quinzieme fiecle.

V OICI de l'éloquence de ce temps-là. Elle
eft tirée d'un difcours de *Pierre-aux-Bœufs*,
prononcé dans l'affemblée du Clergé en 1406,
au fujet des deux Papes de Rome & d'Avignon.
Pierre-aux-Bœufs vouloit qu'ils fiffent ceffion tous
les deux.

---

(1) Différentes maifons, dans Paris, deftinées aux
Affemblées des Bourgeois.

(2) Elle étoit vers la rue d'Enfer.

« Je vous dirai, mes chers Seigneurs, pour-
» quoi j'ai mis ceci en avant. Par ce cercle,
» nommé *Halo*, que l'on voit autour le corps
» du chiel, j'entends ce scisme ; car pour la
» grande similitude qu'ils ont l'un avec l'autre,
» & en fourme de leur figure, qui est sphérique
» & circulaire........

» Hélas ! le scisme présent n'a t-il pas bien
» fourme d'un cercle, où l'on ne voit ni fin, ni
» issue. Plusieurs ont été scismes ; mais ce ne
» furent que demi-cercles ; ce n'étoit que lignes
» droites, où l'on trouvoit tantôt le bout, & les
» mettoit-on en leur affin ; mais en ce scisme pré-
» sent, nous ne trouvons fond ne rive....... Si les
» parties de la circonférence touchoient au point
» du milieu, le cercle seroit despecié ; ainsi sem-
» ble-t-il des Seigneurs desquels dépend cette be-
» soigne : trop demeurent entour le milieu de
» la raison, entour le point de l'union ; qui est
» le milieu de la raison ? qui est le point de
» l'union ? C'est le point de la cession.

L'ignorance étoit bien grande alors ; on ne
savoit guere ce que c'étoit que d'être savant, &
l'on abusoit du peu de connoissances que l'on
pouvoit avoir acquises. Le plus grand éloge que
pût faire *Christine Pisani*, du Bibliothécaire de
Charles VI, étoit que « souverainement bien il
» lisoit & pontoit ».

Alain Chartier, qui parut sous *Charles VI* &
sous *Charles VII*, contribua, dit-on, à embellir
notre langue. Il fut appellé le Pere de la poli-
tesse françoise : on le regardoit encore comme
tel du temps de *Pasquier*. Je ne sais s'il méri-
toit trop cet éloge ; ses vers & sa prose se sen-
tent encore furieusement de la boure des siecles

précédens. Je n'en citerai que les deux phrafes fuivantes pour la profe.

« Si le patient crie & fe gurmente (*tourmente*)
» de la dureté de fon Myrrhe, (*Medecin*,) qui
» le laiffe en telle chaleur eslever ; pourtant n'eft
» meu le fage Phyficien (*Medecin*) à lui
» octroyer ».

Autre.

« Parleurs, paroles épouvantables & tranf-
» perçans le cueur & la penfée, m'avoient jà
» ces trois defvoyées, (*mifes hors de la voie*,) &
» féditieufes decevreffes beftourné (*renverfer*)
» le fens & aveuglé la raifon ».

Mais fur la fin du regne de *Charles VII*, la langue commença à prendre une forme plus agréable. J'en tire mes preuves des cent nouvelles nouvelles, qui parurent en 1455. J'en vais rapporter deux contes, pour égayer un peu la matiere dont je traite, qui n'eft déjà que trop feche par elle-même.

Nouvelle 52. Les vrais Peres.

» A Paris, n'agueres vivoit une femme, qui
» fut mariée à ung bon fimple homme, qui,
» tout fon temps, fut de nos amis, fi très-bien
» qu'on ne pouvoit plus. Cette femme, qui,
» belle & gente & gracieufe eftoit, au temps
» qu'elle fut neufve, pour ce qu'elle avoit l'œil
» au vent, fut requife d'amours de plufieurs
» gens & pour la grant courtaife que nature
» n'avoit pas oublié en elle, elle paffa légiere-
» ment les requeftes de ceulx que mieulx luy
» pleurent, & eut en fon temps, tant d'eux,
» comme de fon mari, fept ou huit enfans.
Advint

» Advint qu'elle fut malade & au lit de la
» mort accouchée. Si eut tant de grace qu'elle
» eut temps & loifir de foy confeffer, penfer
» de fes péchez, difpofer de fa confcience, &
» elle véoit (*voyoit*,) durant fa maladie, fes
» enfans trotter devant elle, qui lui bailloient
» au cueur très-grant regret de les laiffer. Si fe
» penfa qu'elle feroit mal de laiffer fon mary
» chargé de la plufpart ; car il n'en eftoit pas le
» pere, combien qu'il le cuydaft, & la tenoit
» auffi bonne femme que nulle de Paris. Elle
» fift tant, par le moyen d'une femme qui la
» gardoit, que vers elle vinrent deux hommes,
» qui, au temps paffé, l'avoient en amours très-
» bien fervie, & vindrent de fi bonne heure
« que fon mari étoit allé devers les Médecins,
» Apothiquaires, pour avoir aucun bon remede
» pour elle & pour fa fanté. Quant elle vit ces
» deux hommes, elle fit tantôt venir devant
» elle tous fes enfans. Si commença à dire : vous
» êtes un tel, vous fçavez ce qui a été entre
» vous & moy au temps paffé, dont il me
» déplaît à cette heure amerement : & fe ce n'eft
» la miféricorde de notre Seigneur, à qui je
» me recommande, il me fera, en l'autre mon-
» de, bien cherement vendu. Toutes fois fe j'ai
» fait une folie, je la cognois ; mais de faire
» la feconde, ce feroit trop mal fait. Vecy telz
» & telz de mes enfans, ils font voftres, & mon
» mari cuyde à la vérité qu'ils foient fiens. Si
» feray confcience de les laiffer à fa charge :
» pourquoi je vous prie, tant que je puis, que,
» après ma mort, que fera brefve, que vous les
» prenez avec vous, & les entretenez & nour-
» riffez & eslevez, & en faictes comme bon
» pere doit faire ; car ils font voftres. Pareille-

H

» ment dift à l'autre, & lui monftroit fes autres
» enfans. Telz & telz font à vous, je vous affure.
» fi vous les recommande, en vous priant que
» vous en acquittez. Et fe ainfi me le voulez
» promettre, je mourrai plus aife. Et comme
» elle faifoit ce partage, fon mary va venir à
» l'hôtel, & fut aperçeu par un petit de fes filz,
» qui n'avoit environ que cinq ou fix ans, qui
» viftement defcendit en bas encontre luy effraye-
» ment, fe hafta tant de dévaler la montée,
» qu'il eftoit preft de hors de alaine. Comme il
» vit fon pere à quelque mefchief (*chagrin*) que
» ce fut, il dit: hélas, mon pere, avancez-vous
» toft pour Dieu. Quelle chofe y a-t-il de nou-
» veau, dit le pere; ta mere eft-elle morte ?
» Nenni, dit l'enfant; mais avancez-vous d'al-
» ler en hault, ou il ne vous demourera un feul
» enfant. Ils font venus devers ma mere deux
» hommes ; mais elle leur donne tous mes fre-
» res. Se vous n'y allez bientoft, elle donnera
» tout. Le bon homme ne fait que fon filz
» veut dire. Si monta hault & trouva fa femme,
» fa garde & deux de fes voifins & fes enfans :
» fi demanda que fignifie ce que ung tel de fes filz
» lui a dit. Vous fçaurez ci-après, dift-elle, il
» n'en enquift plus pour leure ; car il ne fe
» doubta de rien. Ses voifins s'en allerent &
» commanderent la malade à Dieu, & lui pro-
» mirent de faire ce qu'elle leur avoit requis,
» dont elle les mercia. Comme aprouchaft le
» pas de la mort, cria mercy à fon mary, &
» lui dift la faulte qu'elle lui avoit faite, durant
» qu'elle a été alliée avec lui, & comment telz
» & telz de fes enfans eftoient à tel & à tel,
» & telz à un tel, c'eft à fçavoir ceux dont
» deffus eft touché, & que après fa mort ils les

» prendront , & n'en aura jamais charge. Il fut
» bien esbahi d'ouyr cette nouvelle. Néantmoins
» il lui pardonna tout , & puis elle mourut :
» & il envoya ses enfans à ceux qu'elle avoit
» ordonné qui les retindrent, & par tel point il
» fut quitte de sa femme & de ses enfans , &
» si eut beaucoup mains de regret de la perte
» de sa femme , que de celle de ses enfans ».

Nouvelle 72.

« A *St. Omer* n'a pas long-temps advint une
» assez bonne hystoire, qui n'est pas moins
» vraye que l'Evangile , comme il a esté & est
» cognuë de plusieurs notables gens dignes de
» foy & de croire , & fut le cas tel pour le
» brief faire. Ung gentis Chevalier des Mar-
» ches de Picardie , pour lors bruyant & fris-
» que , (*gay* ,) de grant autorité & de grant lieu
» se vint logier en une hostellerie , qui , par
» le Fourrier de Monseigneur le Duc Phelippe
» de Bourgogne , son Maistre , luy avoit esté
» délivrée : tantost qu'il eut mis le pié à terre ,
» & qu'il fust descendu de son cheval , ainsi
» comme il est de coustume auxdictes Marches,
» son hostesse luy vint au-devant & très-gra-
» cieusement, comme elle estoit accoutumée &
» bien aprinse de ce faire aussi le receut moult
» honorablement, & luy qui estoit des courtois
» le plus honnorable & le plus gracieux, l'ac-
» cola & la baisa doulcement , car elle estoit
» belle & gente & en bon point , & mise sur
» le bon bout, appellant, sans mot dire , trop
» bien son marchant à se baiser & accolement,
» & de prinsault n'y eut celui des deux qui ne
» pleut bien à son compaignon : si pensa le
» Chevalier par quel train & moyen il par-

» viendroit à la jouiſſance de ſon hoſteſſe, &
» s'en découvrit à un ſien ſerviteur, lequel, en
» peu d'eure, batiſt tellement les beſoignes,
» qu'ils ſe trouverent enſemble. Quant ce gentil
» Chevalier vit ſon hoſteſſe prête d'ouyr &
» d'entendre ce qu'il vouldroit dire, penſez
» qu'il fut joyeux oultre meſure & de grant
» haſte & ardent deſir qu'il eut d'entamer la
» matiere qu'il vouloit ouvrir, il oublia de ſer-
» rer l'huys de la chambre. Alors ledit Che-
» valier commença ſa harangue bonne alleure,
» ſans regarder à autre choſe, & l'hoſteſſe, qui
» ne l'eſcoutoit pas à regret, ſi luy reſpondit
» au propos, tant qu'ils étoient ſi bien d'accord,
» que oncques muſique ne fuſt pour eulx plus
» douce. Or, advint ne ſçay par quelle adven-
» ture, ou ſe l'oſte de céans mary de l'oſteſſe
» quéroit ſa femme pour aulcune choſe luy dire,
» en paſſant d'adventure par-devant la cham-
» bre où ſa femme avec le Chevalier eſtoit......
» Si leurs diſt, pour toute menace & tençons,
» (*reproche, querelle :*) & par la mort, vous
» eſtes bien meſchans gens, qui n'avez eu en
» vous tant de ſens que de ſerrer & tirer l'huys
» après vous. Or, penſés que ce euſt eſté ſe
» ung autre que moy vous y euſt trouvé, &
» pardieu vous eſtiez gaſtez & perdus, & euſt
» eſté voſtre fait deſcellé, & tantoſt ſceu par
» toute la ville. Faites autrement une autre fois
» d · par le dyable, & ſans plus dire, tire
» l'huys & s'en va ».

Philippe de Comines.

« Le Pape Siſte IV, informé que, par dévo-
» tion, le Roi (Louis XI) deſiroit avoir le Cor-
» poral ſur quoi chantoit Monſeigneur Saint-

» Pierre, tantôt le lui envoya avec autres plufieurs
» Reliques.

» La Sainte Ampoule, qui eft à Reims, qui
» jamais n'avoit efté remuée de fon lieu, lui fut
» apportée jufques en fa chambre au Pleffis, &
» étoit fur fon buffet à l'heure de la mort, &
» avoit intention d'en prendre femblable onction
» qu'il en avoit pris à fon Sacre.

Le même Comines, paffant à Pavie, entra
dans le Couvent des Chartreux, où étoit le
tombeau du Duc Jean Galeas, qui avoit ufurpé
le Duché de Milan. Voici ce qu'il en dit:
« Son corps eft aux Chartreux, à Pavie, près
» du Parc plus haut que le grand Autel, &
» le m'ont monftré les Chartreux, au moins
» fes os, lefquels fentoyent comme la nature
» ordonne. Et un Moyne le m'appella *Sainct* :
» & je lui demanday en l'oreille pourquoy il
» l'appelloit Sainct, & qu'il pouvoit voir painctes
» à l'entour de luy les armes de plufieurs citez,
» qu'il avoit ufurpées, où il n'avoit nul droit.
» Nous apelons, dit le Moyne, en ce pays
» *Saincts* tous ceux qui nous font du bien. Et
» il feit cette belle Eglife de Chartreux ».
Voilà un ftyle bien naïf. Nous l'avons perdue, cette naïveté, pour rechercher plus d'exac-
titude.

CHAPITRE V.

Seizieme Siecle.

ENFIN, nous voici arrivés au siecle où le langage commença à prendre une forme plus raisonnable. *François premier* protégea les Savans ; *Marot* embellit sa langue par ses poésies aimables ; mais sa prose se ressent encore du goût antique. Le style de *Bocace* servoit alors de modele. *Marot* imita ses longues phrases. En voici un exemple tiré du commencement de sa préface du roman de la Rose, dont il donnoit une édition.

« S'il est ainsi que les choses dignes de mé-
» moire, pour leur profit & utilité, soient à
» demeurer perpétuellement sans être du tout
» assopies par trop longue saison, & l'habileté
» du temps caduc & transitoire, l'esguillon &
» stimulement de juste raison, & non simulée
» cause m'a semont & exhorté, comme tutereffe
» de tout bien & honneur à réintégrer & en
» son entier remettre le livre, qui par long-
» temps devant cette moderne saison tant a esté
» de tous gens d'esprit estimé, que bien l'a dai-
» gné chacun veoir & tenir au plus haut anglet
» de sa Librairie, pour les bonnes sentences,
» propos, & dits naturels & moraux, qui dedans
» sont mis & insérés ».

Il faut donner quelque chose du même regne de *François premier*, où les phrases ne sont ni si longues, ni si entortillées. Ce sont deux Contes de la Reine de Navarre, sœur de ce Prince.

Il est bon de réveiller le Lecteur de temps en temps.

Nouvelle 55.

« En la ville de Sarragosse y avoit un Mar-
» chand, lequel voyant sa mort approcher , &
» qu'il ne pouvoit plus tenir les biens qu'il avoit
» peut-être acquis avecques mauvaise foy , pensa
» de satisfaire à son péché, s'il donnoit tout
» aux mendians, sans avoir égard que sa femme
» & ses enfans mourroient de faim après son
» décez. Et quand il eust ordonné du fait de
» sa maison, dit qu'il vouloit qu'un bon che-
» val d'Espagne, qui étoit presque tout ce qu'il
» avoit de bien, fust vendu le plus que l'on
» pourroit, & que l'argent en fust distribué aux
» pauvres mendians , priant sa femme qu'elle
» ne voulust faillir incontinent qu'il seroit tré-
» passé, de vendre son cheval & distribuer
» cest argent selon son ordonnance.

» Quand l'enterrement fut fait, & les pre-
» mieres larmes jettées, la femme, qui n'étoit
» pas non plus sotte que les Espagnolles ont
» accoutumé d'estre, s'en vint au serviteur qui
» avoit, comme elle, entendu la volonté de
» son mary, & lui dit : il me semble que j'ay
» assez fait de perte de la personne de mon
» mary, que j'ay tant aymé , sans maintenant
» perdre le reste de mes biens. Si est-ce que ne
» voudrois désobéir à sa parole, mais ouy bien
» faire meilleure son intention ; car le pauvre
» homme pense faire sacrifice à Dieu de don-
» ner après sa mort une somme dont en sa vie
» n'eust pas voulu donner un escu en extresme
» nécescité , comme vous savez. Par quoy j'ay
» advisé que nous ferons ce qu'il a ordonné par

» sa mort, encore mieux qu'il n'euſt fait, s'il
» euſt veſcu quinze jours davantage ; car je
» ſurviendray à la néceſſité de mes enfans. Mais
» il faut que perſonne du monde n'en ſçache
» rien. Et quand elle eut promeſſe du ſerviteur
» de tenir ſon ſecret, elle luy dit : vous irez
» vendre ſon cheval; & à ceux qui vous diront
» combien, vous leur direz un ducat. Mais j'ai
» un fort bon chat que je veux mettre en vente,
» que vous vendrez quant & quant pour quatre-
» vingt-dix-neuf ducats, que mon mary vou-
» loit vendre le cheval ſeul. Le ſerviteur accom-
» plit promptement le commandement de ſa
» maîtreſſe ; car ainſi qu'il pourmenoit le cheval
» par la place, tenant ſon chat entre les bras ,
» un gentilhomme, qui autrefois avoit vu &
» deſiré le cheval, lui demanda combien il le
» faiſoit en un mot ; il lui répondit, un ducat.
» Je te prie, ne te mocque point de moy. Je
» vous aſſure, Monſieur, dit le ſerviteur, qu'il
» ne vous couſtera qu'un ducat ; il eſt bien vrai
» qu'il faut acheter le chat quant & quant, duquel
» il faut que j'aye quatre-vingt-dix-neuf ducats.
» Alors le Gentilhomme, qui eſtimoit avoir
» raiſonnable marché, lui paya promptement
» un ducat pour le cheval, & le demeurant
» comme il luy avoit demandé, & emmena ſa
» marchandiſe. Et le ſerviteur, d'autre coſté,
» emporta ſon argent, dont ſa maîtreſſe fut fort
» joyeuſe , & ne faillit pas de donner le ducat
» que le cheval avoit eſté vendu, aux pauvres
» mendians , comme ſon mary l'avoit ordonné,
» & retint le demeurant pour ſurvenir à elle
» & à ſes enfans ».

Nouvelle 65.

« En l'Eglife St. Jean de Lyon, il y avoit
» une chapelle fort obfcure, & devant un fépul-
» chre fait de pierres, à grands perfonnages
» eslevés comme le vif : & font à l'entour du
» fépulchre plufieurs hommes d'armes couchés.
» Un Soldat fe promenant un jour dans l'E-
» glife, au temps d'été qu'il fait grand chaud,
» lui prit envie de dormir, & regardant cette
» chapelle obfcure & fraîche, penfa d'aller au
» fépulchre dormir comme les autres, auprès
» defquels il fe coucha. Or, advint qu'une bonne
» vieille fort dévote arriva au plus fort de fon
» fommeil. Et après qu'elle eut dit fes dévo-
» tions, tenant une chandelle en fa main, la
» voulut attacher au fépulchre : & là trouvant
» le plus près d'icelle cet homme endormy,
» la luy voulut mettre au front, penfant qu'il
» fuft de pierre ; mais la cire ne peut tenir con-
» tre cette pierre. La bonne dame, qui pen-
» foit que ce fut à caufe de la froideur de
» l'image, luy va mettre le feu contre le front,
» pour y faire tenir fa bougie ; mais l'image,
» qui n'eftoit infenfible, commença à s'ef-
» crier, dont la femme eut peur ; & comme
« toute hors de fens, fe prit à crier miracle,
» miracle : tant que tous ceux qui eftoient dans
» l'Eglife coururent, les uns à fonner les clo-
» ches, les autres à venir voir le miracle ; &
» la bonne femme les mena voir l'image qui
» s'étoit remuée, qui donna occafion à plu-
» fieurs de rire ; mais quelques Preftres ne s'en
» pouvoient contenter ; car ils avoient bien dé-
» libéré de faire valoir ce fépulchre & en tirer
» argent ».

Je ne puis me dispenser de joindre à ces deux
contes un petit extrait du Sermon d'un Cordelier, rapporté dans la quarante-sixieme nouvelle.

« Un mari battoit sa femme ; ses voisines
» ne s'en pouvoient taire, & crioient publique-
» ment par les rues, disans, & fy, fy, de tels
» maris au diable, au diable.

» De bonne rencontre, un Cordelier passa
» par-là, qui entendit le bruit & l'occasion. Si
» se délibéra d'en toucher un mot le lende-
» main à sa prédication, comme il n'y faillit ;
» car faisant venir à propos le mariage & l'a-
» mitié que nous y devons garder, il le collauda
» grandement, blasmant les infracteurs d'iceluy,
» & faisant comparaison de l'amour conjugal à
» l'amour paternel : & si dit entr'autres cho-
» ses qu'il y avoit plus de danger & plus griefve
» punition à un mari de battre sa femme que
» de battre son pere ou sa mere ; car, dit il,
» si vous battez vostre pere ou vostre mere, on
» vous envoyera pour pénitence à Rome ; mais
» si vous battez vostre femme, toutes ses voi-
» sines vous envoyeront à tous les diables, c'est-
» à dire en enfer. Or, regardez quelle diffé-
» rence il y a entre ces deux pénitences ; car,
» de Rome, on en revient ordinairement ; mais
» d'enfer, ah ! on n'en revient point ».

Du temps de *Henry II* & de ses enfans, la
France fut inondée d'Ecrivains, dont il seroit
trop long de parler : je diray seulement que
Henry Etienne & *Pasquier*, qui ont principalement écrit sur notre langue, se sentoient encore
du vieux levain ; mais je m'arrête pour parler
d'*Amyot*, qui les surpassa tous, & j'en vais citer

des exemples tirés du petit roman de *Daphnis*
& Chloé.

« Or eftoit-il lors environ le commencement
» du printemps, que toutes les fleurs font en
» vigueur, celles des bois, celles des prez &
» celles des montaignes : auffi jà commençoier t
» les abeilles à bourdonner, les oyfeaux à roffi-
» gnoler, & à fauteler. Les petits moutons bon-
» diffoient par les montaignes ; les mouches à
» miel murmuroient par les prairies, & les
» oyfeaux faifoient refonner les buiffons de leurs
» chants. Ainfi ces deux jeunes & délicates
» perfonnes voyant que toutes chofes faifoient
» bien leur devoir de s'efgayer à la faifon nou-
» velle, fe mirent pareillement à imiter ce qu'ils
» voyoient & qu'ils oyoient auffi ; car oyant
» auffi les oyfeaux, ils chantoient : voyant faul-
» ter les aigneaux, ils faultoient, &c.....

» Daphnis alloit ainfi devifant & parlant pué-
» rilement en lui-même. Dea, que me fera le
» baifer de Chloé ? Ses levres font plus tendres
» que rofes, fa bouche & fon haleine plus
» doulce qu'une gaufre à miel, & toutefois fon
» baifer eft plus piquant que l'aiguillon d'une
» abeille. J'ai fouvent baifé des chevreaux qui
» ne faifoient que de naître, & le petit veau
» que *Dorcon* m'a donné ; mais ce baifer ici
» eft toute autre chofe. Le poulx m'en bat ; le
» cœur m'en treffault, mon ame en languit, &
» néanmoins je defire la baifer de rechef.

» Aucunes fois, Daphnis monftroit à Chloé
» à jouer de la flufte ; puis, quand elle com-
» mençoit à fouffler dedans, il la lui oftoit des
» mains, pour toucher de la langue & des levres
» là où elle avoit touché des fiennes, & faifoit

» femblant de luy vouloir enfeigner où elle avoit
» failly, pour avoir occafion de la baifer à
» demy, en baifant la flufte où elle avoit touché.

» Chloé vint à s'endormir; ce que Daphnis
» appercevant, pofa tout beau fa flufte, pour la
» regarder à fon aife....... & difoit à part luy
» ces paroles tout bas.

» O comme ces beaux yeux dorment foéfve-
» ment! que fon haleine fent bon! les pom-
» miers, ni les aubefpines fleuries n'ont point
» la fenteur fi doulce; mais pourtant je n'o-
» ferois la baifer; car fon baifer picque &
» perce jufqu'au cœur, & fait devenir les gens
» folz, comme le miel nouveau. Davantage,
» j'ai peur de l'efveiller, fi je la baife. O que
» ces cygales font de bruit! elles ne la laifferont
» jà dormir, fi haut elles crient, &c.

Je ne dois point oublier *Brantome*. Son ftyle
vaut bien la peine que j'en rapporte du moins
les deux traits fuivans:
Voici comme il parle de la Reine *Marguerite*,
premiere femme de *Henri IV*.

« Si elle eft grave, pleine de majefté, &
» éloquente en fes hauts difcours & férieux, elle
» a bien autant de gentille grace à raconter de
» bons & plaifans mots, & brocarder fi gen-
» timent, & donner les traits & la venue, que
» fa compagnie eft plus agréable que toute autre
» au monde ».

» Elle fupporta fort impatiemment ce maf-
» facre, (de la St. Barthelemi) & en fauva
» plufieurs, entr'autres un gentilhomme Gaf-
» con, qui, tout bleffé qu'il eftoit, vint fe jetter
» fous fon lit, elle eftant couchée, & les meur-

» triers l'ayant pourſuivi juſqu'à la porte , donc
» elle les chaſſa ; car elle ne fut jamais cruelle ,
» mais toute bonne , à la mode des filles de
» France ».

Je pourrois encore donner bien des citations ,
comme de *Rabelais*, *Montaigne* & autres , mais
je ne finirois point.

La langue étoit en cet état, lorſque Malherbe
parut. On voit, dans ſes Poéſies, le bon goût
qui commence à éclorre ; mais ſa proſe , dans la
traduction d'un ouvrage de *Séneque* , porte encore le ſceau des ſiecles précédens.

Le Garde de Sceaux *Duvair*, qui écrivoit un
peu après lui , a voulu traiter de l'éloquence ;
mais il n'a fait qu'un gros volume *in-folio*, qui
a l'air bien antique , & qu'on ne lit plus.

Coeffeteau, qui ſuivit , montra , dans ſon Hiſtoire Romaine, un ſtyle qui approchoit de la
perfection. Auſſi l'Académie Françoiſe , dans
les commencemens , étoit portée à le regarder
comme un modele. Mais les travaux multipliés
de cette Société célebre , fondée par le Cardinal
de *Richelieu*, acheverent de dépouiller la langue
de ce qu'elle avoit de brut & d'obſcur.

CHAPITRE VI.

*Progreſſion de la Langue Françoiſe du côté de
la Poéſie.*

Douzieme, treizieme & quatorzieme Siecles.

FAUCHET nous donne bien un extrait d'un
Poëme écrit vers le onzieme ſiecle ; mais il ya

peu de mots François. Il a raison de croire que cette piece est plutôt Catalane ou vieil Espagnol.

Les *Troubadours* ou *Trouveres*, Poëtes Provençaux, qui fleuriſſoient déjà dans le douzieme ſiecle, donnerent apparemment de l'émulation aux François; mais ce n'eſt que ſous *Louis-le-Gros*, qui mourut en 1137, que nous commençons à avoir des Poëtes connus.

Dans le *Valeſiana*, on trouve le nom d'un ancien Ecrivain, nommé *Falcetus*, qui dit que les premiers Poëtes, en langue ruſtique Romaine, n'ont commencé à ſe faire connoître que vers l'an 1100 ou 1150. En effet, les premiers Poëtes que nous citent *Paſquier*, *Fauchet & Borel*, ne ſont que du douzieme ſiecle.

Je ne détaillerai point hiſtoriquement tous ceux qui ont été juſqu'à *Marot*, & depuis *Marot* juſqu'à l'Académie Françoiſe. Ce détail ſe peut trouver répandu dans le Recueil de l'Académie des Belles-lettres, & chez d'autres Ecrivains de ces derniers temps. Je ne ferai que préſenter des pieces des différens ſiecles, qui pourront faire voir le progrès imperceptible qu'a fait notre langue.

Garin me paroît le plus ancien; il vivoit du temps de *Louis-le-Gros*. Ecoutons-le dans ſon vieux ſtyle. Je le cite d'après *Borel*, au mot *Apoſtoile*.

Et l'Apoſtoile durement ſe marri (1)
Par S. Sépulchre & Jeſus-Chriſt vous di,
Venez avant, chil Martel (2), brave fils,
Je vous octroy & le vert & le gris;

---

(1) *S'en chagrina.*
(2) *Ce Martel.*

L'or & l'argent dont les Clercs font faifis,
Les Palefrois, les Muls & les Rocins,
Si prenez tout : tel vous octroy & quitte
Dont vous puiffiez les foudoyer & tintre (1)
Qui vous défendent vous & voftre pays,
Et s'il vous plaift les difmes Sires fais,
Tres qu'à fept ans, fait-il, & un demis
Quand vous aurés vaincus les Sarrafins,
Rendez les dixmes, ne les devez tenir.

Il paroît ici que l'Apoftoile, ou Pape, accorda, malgré lui, à Charles Martel, la permiffion de mettre des impôts fur le Clergé; mais on fat, par l'hiftoire, que ce Prince le fit d'autorité.

Le même *Garin*, dans fa defcription des Religions.

Tuit (2) vivent de rapinerie.
Chacun tout honneur relanquift (3).

Après lui paroît *Helinand.*

Quer (4) certes c'eft fous vaffelage (5)
Faire fon preu d'autruy domage
Et d'autruy cuir larges correies.

On trouve dans un vieux Roman, fait quelque temps après *Hélinand*, fous *Philippe-Augufte.*

Quand li Roy ot (6) mangié, s'apella *Helinand*
Pour ly esbanoyer (7), comanda que il chant.
Cil (8) commence à noter ainfi com li jayant (9)

---

(1) Les Dictionnaires anciens n'en favent pas plus que moi, peut-être veut-il dire *retenir.*

(2) *Tous.*

(3) *Relinquit, abandonne.*

(4) *Car.*

(5) *Proueffe.*

(6) *Eut.*

(7) *Récréer.*

(8) *Celui-ci.*

(9) *Géans.*

Monter voldrent au Ciel comme gens mécréant ;
Entre les Diex y ot une bataille grant ,
Si ne fut Jupiter à la foudre bruyant
Que tous les defrocha (1) ,jà ne euſſent garent.

Hugues de Bercy , qui fit la Bible, *Guyot*, &
qui eſt peut-être le même que *Guyot - Provins*.
Il vivoit au temps de *Philippe - Auguſte* & de
St. Louis.

Li Duc & li Comte & li Roy
Se devroient bien conſeiller ,
Grand Conſaux (2) y auroient meſtier (3)ʒ
Rome nous ſuce & nous tranſglouſt (4) ,
Rome traict & deſtruit tout ,
Dont ſourdent tous li mauvais vices (5).

Il eſt bon de remarquer que dans ce ſiecle ,
l'Italien , l'Eſpagnol & le François , n'étoient
point auſſi différens qu'ils ſont maintenant.
J'obſerve encore , une fois pour toutes , que
le ſingulier & le plurier ſont ſouvent joints ſans
diſtinction.

　　Le même.

Li ſiecle fut jà bons & gras ,
Or (6) eſt de garçons & d'enfans.
Li ſiecle , ſçachiez voirement
Faudra par amenuiſement ,
Par amenuiſement faudra.
Item pera (7) eptiſſera
Que vingt homs batrons en i jour

---

(1) *Jette au bas des Rochers.*
(2) *Conſeillers.*
(3) *Beſoin.*
(4) *Engloutit.*
(5) *Li* , dans ce temps-là , ſe mettoit pour *les* ou *le.*
(6) *A préſent.*
(7) *Paroîtra.*

Et

Et dui (1) hommes, voire bien quatre
Se pourront en un pot combattre.

Le même.

Et loix aprennent tricherie
Par les points & par les beaux dits
Que ils connoiſſent ès eſcrits.
Barattent (2) & engignent (3).
Ils ne compaſſent pas, ne lignent
Leur vivre, ſi comme ils devoient,
Et comme ils ès eſcrits le voyoient.

Le même.

Cil (4) qui plus voit, doit plus ſavoir ;
Hugues de Bercy, qui tant a
Cherchié le monde çà & là
Qu'il a vu qu'il ne vaut rien,
Preche ores de faire bien.
Et ſi ſai bien que li pluſours (5)
Tiendront mes ſermens à folours (6) ;
Que ils ont veu que je amoye (7)
Plus que nus (8) ſolas (9) & joie.

Le même commence ainſi ſa Bible *Guyot.*

Dou (10) ſiecle puant & horrible
M'eſtuet (11) commencer une Bible (12)
Per poindre & per aiguillonner,
Et per bons exemples donner.

---

(1) *Deux.*
(2) *Trompent.*
(3) *Idem.*
(4) *Celui.*
(5) *Pluſieurs.*
(6) *Folies.*
(7) *Aimois.*
(8) *Nuls.*
(9) *Soulagement.*
(10) *Du.*
(11) *Me convient.*
(12) *Un livre.*

Ce n'ert (1) pas Bible losengere (2),
Mais fine & voire (3) & droiturière,
Mirouer y ert à toutes gens.

Rutebeuf.

Voici une pièce un peu longue, mais elle
est trop curieuse, pour ne la pas mettre ici. Il
s'agit des Quinze-Vingts, établis par *St. Louis.*

Li Roix a mis dans un repaire
Mes je ne sçay pas pourquoy faire
Trois cents Aveugles tôt à rot (4).
Parmi Paris en va trois paires.
Tote jor ne finent de braire
As trois cents qui ne voyent gote,
Li uns sache (5), li autre bote (6)
Se se donnent mainte secolle,
Qu'il n'y a nul qui lor esclaire,
Si feux y prent, ce n'est pas dote.
L'ordre sera brulée tote,
S'aura li Roix plus à refere.

J'ai rapporté les vers ci-dessus, pour faire voir
que cet établissement fut fait pour des gueux
aveugles, & non pour des Gentilshommes. C'est
aussi le sentiment de *Fauchet,* de qui j'ai tiré
cette pièce; & cela est d'autant plus probable,
que l'Auteur vivoit à peu près dans ce temps-là.

Georges Chatelain.

J'ai vu par excellence
Un jeune de vingt ans
Avoir toute science
Et les degrez montans,

---

(1) *Ert, est, étoit* ou *sera,* du latin, *erat.*
(2) *Flatteuse.*
(3) *Vraie.*
(4) *Tous en compagnie.*
(5) *Sacher, tirer hors.* On dit encore en Picardie *saquer
une épée* : ce mot vient de l'Espagnol, *sacar, tirer.*
(6) *Nescio.*

Soy vantant ſçavoir dire
Ce qu'oncques fut eſcris,
Par ſeule fois le dire
Comme un jeune Antechriſt (1).

Thibaut, Comte de Champagne.

Cil qui d'amour me conſeille
Que de luy doye partir,
Ne ſçait pas qui me réveille,
Ne quels ſont mi grief ſoupir
Petit à ſens & voidie (2),
Cil qui me voult chaſtier,
N'oncques n'aura en ſa vie,
Si fait trop nice (3) folie
Qui s'entremet du métier,
Dont il ne ſe ſçait pas aidier.

Le même.

Je ne dis pas que nus (4) aim follement;
Que li plus fox (5) en fet miex à priſier.
Mes grant ëur (6) y a meſtier ſouvent,
Plus que net ſens, ne raiſon, ne plaidier.
De bien amer ne puet nous enſeignier
Fort que li cuers qui donne le talent,
Qui bien ame (7) de fin cuer loyaûmene
Cil en ſçait plus & moins s'en peut aidier.

Le même.

Moult me ſceut bien eſprendre & alumer,
En biau parler & acointement rire.
Nul ne l'orroit ſi doucement parler (8),

---

1) On croyoit en ce temps-là que *l'Antechriſt* auroit
en partage toutes les connoiſſances poſſibles.
(2) *A peu de ſens & de vûe.*
(3) *Sot, ſimple.*
(4) *Nul.*
(5) *Fou.*
(6) *Hazard, bonheur.*
(7) *Aime.*
(8) *Entendroit.*

Qui ne cuidaſt de s'amour eſtre ſire,
Par Dieu, amour, ce vous oſe bien dire;
On vous doit bien ſervir & honorer,
Mais on ſi peut bien d'un pou (1) trop fier.

Thibaut de Mailly.

Pledeor l'œil (2) entendez, entendez;
Grant dolor vous vient près, mais pour vos en garder
Avez-vous mes que vendre (3), quand vo ſen vous
　　　　vendez (4).

Le même, contre les grands.

Pauvres n'a mes (5) nul droit, ſe ſevent (6) li pluſours
Cil qui plus donne a cort (7), ſi a meillor valor
Et qui miex ſçait trahir, on le tient à meillor.

Hebers.

Riens tant ne grevé menteor
A larron, ne à robeor
N'a mauvais homme qu'ex ſoit
Com véritez quand l'aperçoit,
Et véritez eſt la maſſue
Qui tot le mont (8) occit & tue.

Huon de Villeneuve.

On a bien maintenant par amors engendré
Enfans qui depuis ont grant honor conqueſté.
Tel cuide bien avoir de ſa chair engendré
Des enfans en ſa femme qui ne luy ſoht un dé.

---

(1) Peu.
(2) Plaideurs à gages, Avocats.
(3) De quoi vendre.
(4) Quand vous vendez votre ſavoir.
(5) Ici c'eſt jamais.
(6) Savent.
(7) A une cour.
(8) Tout le monde.

Pis vaut péché couvert, ce difent li lettré
Que ce que chafcun fçait qu'on n'a mie celé.
Et cil eft bien baftard qui n'a cuer ni penfé
Fors de mauvaiftié fere, laidure & fauceté.

Le même.

Car tel eft bien armé qui po de pouvoir a,
Et tielz eft mal veftus qui au corps bon cuer a
Le cuer eft mie ès armes, mes eft où Dieu mis l'a.
. . . .
On porte plus d'honor à un Baron meublé,
Qu'on ne fait à prudhom vivant en pauvreté.
. . . .
Plus n'a vaillant li hom au monde entierement,
Que bonne renommée de tous communément.
. . . .
Hardement ne vient mie de noble garnement,
Ains vient de gentil cueur où proeffe fe prend.

Gaces Brulez. Il fe plaint de fa Maîtreffe.

Si diex plut que je fuffe
De Madame le plus haut,
Certes bon gré l'en feuffe
Mes trop pareft communaux.
Moult i a de caux (1)
Qui deslient aulmofniere (2)
S'en vont l'or (3) aviaux (4),
Et g'en fuis bouté arriere.

Gilbert de Berneville.

Nus ne fe peut avencer
En amors fors par mentir,
Et qui ex s'en fçait aidier,
Pluftoft eft à fon plaifir.

---

(1) *De ceux.*
(2) *Bourfe.*
(3) *Alors.*
(4) *Divertiffemens.*

Robert de Reims.

Amours va par aventure ;
Chafcun y perd & y gagne :
Par outrage & par mefure
Sane (1) chafcun & mehaigne (2),
Eürs & mefaventure
Sont toujours en fa compaignie.
Pour c'eft raifon & droiture
Que chacun s'en lot (3) & plaigne.

Hues Pionchelles.

Hues Pionches, qui trova
Cil Fabel, par raifon prova
Que cil qui a femme rubefte (4)
Eft garni de mauvaife befte.

Andri de la Vigne.

Si vous m'aimez, Mademoifelle,
A vos graces me recommand :
Autrement vieille maquerelle
A tous les diables je vous mand.

Lambert li Cors (5).

La verté de l'hiftoire, fi com le Roy la fit
Un Clerc de Château-Dun, Lambert li Cors l'efcrit,
Qui de Latin l'a treft 6), & en Romans l'a mis.

On voit par-là que dans le douzieme & treizieme fiecle, on appelloit encore Roman ce
qu'on a depuis appelé *François.*

J'ajouterai ici quelques vers dont je ne puis

---

(1) *Guérit.*
(2) *Appauvrit, tourmente.*
(3) *S'en loue.*
(4) *Robufte.*
(5) *Le court, le petit.*
(6) *Traduit.*

nommer les Auteurs. *Borel* & M. l'Abbé de *Guasco* me les ont fournis.

Dans un Roman du douzieme siecle.

J'ai mis mon cueur en une lourde (1),
Qui est très-belle & bachlotte,
Mes elle a la mamelotte
Aussi grosse que la cahourde (2).

Blason des fausses Amours.

Il n'y a camus ni bescu,
S'il veut ses engins allorter,
Qu'il ne fasse cornes porter.

Nota. Bescu ne viendroit il point de *bis oculi*, dont on a fait *besicles* ? En ce cas, il signifieroit homme portant *lunettes*.

Le même.

Et de sang quelle effusion
Sont venus à l'occasion
De cette vile puterie.

Idem, contre les femmes.

A tous propos,
Sans nul repos,
Sont demandantes,
Pour tollir l'os (3)
Pour ronger l'os,
Très-fort instantes.

Idem.

Vieillesse acquiert, bâtit, maisonne ;
Jeunesse du bon temps se donne.

---

(1) *Apparemment sotte.*
(2) *Citrouille.*
(3) *Louanges.*

Dans un vieux livre intitulé : *des Flatteurs
& des Habits.*

Moult va li siecle beftournant (1),
Car che (2) derriere va devant,
Et che devant fi va derriere.

Le livret des pardons de *St. Trotet.*

Damoifelles pour paroître gentilles,
Portent ennuyt (3) de fi juftes coquilles (4),
Qu'il femble advis qu'elles foient defcoiffées,
Et par deffus ont belles béatilles
Couvertes d'or & de pierres fubtiles :
C'eft un tréfor qu'elles font bien tiffées,
Et outre ce font fi bien les fafrées (5).

Ovide, manufcrit.

Que (6) la dame & la chambriere
Me jonchìerent (7) ; l'une derriere,
L'autre devant me regardoit ;
L'une farfoit (8), l'autre lardoit (9).

Le Jardin de Plaifance.

Soyez mon mire (10)
Pour m'ofter l'ire
Et le tourment
Qu'inceffamment
J'ay à vous dire ;
Mon cueur foupire.

____

(1) *Beftourner, renverfer.*
(2) *Qui ; c'eft le* che *des Italiens.*
(3) *Aujourd'hui.*
(4) *Ancienne coëffure fort baffe.*
(5) *Fines, madrées.*
(6) *Car.*
(7) *Trompoient.*
(8) *Se moquoit.*
(9) *Lâ hoit des lardons, des traits piquants.*
(10) *Médecin.*

Donnons encore le couplet fuivant, qui eft
du temps de St. Louis, au commencement de
fon regne. Il eft tiré du tournoiement de l'An-
techrift.

> Quand les tables oftées furent,
> Cil Jugleurs (1) in piés efturent (2),
> Sont vielles & harpes prifes.
> Chanfons, fons, lais, vers & reprifes,
> Et de gefte chanter nos ont (3).
> Li Efcuyer Antechrift font
> Le rebarder (4) par grand déduit.

Toutes les citations ci-deffus font de Poëtes
qui vivoient depuis *Louis-le-Gros*, jufques &
compris *Philippe-le-Bel*. Si je n'ai point employé le roman de la Rofe, en voici la raifon:
Ce roman, qui eut une réputation étonnante, étoit entre les mains de tout le monde,
fur-tout des gens de Cour. L'impreffion n'étant
point encore, connue on n'en avoit que des
manufcrits. A chaque fiecle, ou plutôt à chaque
âge, on le récrivoit; mais à chaque fiecle, la
langue changeoit : on remplaçoit les vieux mots
par les mots du temps. Il faudroit donc être
fûr du premier manufcrit, pour décider que c'é-
toit la langue de *Guillaume de Loris* & de *Jean
de Meun*. On en peut dire autant du roman
d'*Amadis*.
Clément Marot en donna une édition en
1527; mais elle eft en bien des endroits, plutôt
une traduction ou une paraphrafe, qu'une copie

----

(1) *Jongleurs, Ménétriers.*
(2) *Se tinrent debout.*
(3) *N'ont honte.*
(4) *Recommencer le refrein, comme faifoient les Bardes,
anciens Gaulois.*

des vieux manuſcrits. J'ai donc pris le parti de citer d'autres Auteurs, qui, ayant eu moins de célébrité, ont ſouffert moins de variations.

Je remarque, dans tous ces Anciens, qu'on abrégeoit ou alongeoit les mots ſelon le beſoin du vers. On diſoit, par exemple, *orine* pour *origine*; *il parole*, au lieu de *il parle*, pour rimer à *eſcole*; *main* pour *matin*; *forment* pour *fortement*: & encore long-temps après, *Villon* diſoit *penancier* pour *pénitencier*.

Ils diſoient encore *adultire* pour *adultere*, quand la rime le demandoit.

Dans leurs vers, ils employoient l'éliſion comme nous, qui diſons mon ame eſt accablée; mais quand la meſure l'exigeoit, ils prononçoient la voyelle finale d'un mot, & la voyelle commençant un autre mot : mon ame eſt troublée.

D'autres fois, ils diſoient *m'ame* pour *mon ame*. Il nous en reſte quelques traces dans ce mot *m'amour* employé par *Moliere*, au lieu de *mon amour*.

En général, le maſculin & le féminin, le ſingulier & le plurier ſont placés indiſtinctement. Tout cela rend notre ancien François très difficile à entendre ; & je ſuis perſuadé que celui qui ſait le Latin, apprendroit bien plus aiſément l'Italien que notre vieux Gaulois.

Il y a bien d'autres licences qu'ils ſe donnoient, & qu'il ſeroit trop long à détailler ; ce qui fait que la lecture de leurs vers fatigue ſouvent l'oreille quand on n'y eſt pas fait.

Ce qui augmente encore la difficulté, c'eſt la variation commune à toutes les langues. Beaucoup de mots, qui étoient François alors, ne le ſont plus. Outre cela, chaque province étoit, pour ainſi dire, un Royaume à part, & chaque Poëte parloit le jargon de ſon pays.

Depuis *Philippe - le - Bel* & ſes enfans, les regnes de *Philippe de Valois* & du Roi *Jean* furent ſi pleins de troubles, que la langue ne put faire de grands progrès. Ce ne fut que ſous *Charles V* & *Charles VI* que l'on commença à y donner quelque attention : c'eſt ce que nous verrons dans le chapitre ſuivant.

J'ajouterai ſeulement ici que je n'ai cité que les vers les plus intelligibles, pour ne pas fatiguer le Lecteur.

CHAPITRE VII.

Suite de la Poéſie. Quinzieme Siecle.

Les Poëtes les plus connus reparurent ſous *Charles VI*, qui finit le quatorzieme, & commença le quinzieme ſiecle.

Jacques-le-Grant parle ainſi à la ſageſſe ou à la dame *Sophie*, à laquelle il s'abandonne déſormais.

> Je fus comme ravi en cette amour tant douce,
> En eſcoutant les dits de ſa plaiſante bouche,
> Leſquels ſont cy eſcrits en proſe & en vers,
> Par forme de proverbe, à propos moult divers,
> Et pourtant je requiers, en l'honneur de ma mie,
> Que ce livre ſoit dit *Archiloge ophie.*

Froiſſard, dans une de ſes Poéſies paſtourelles, introduit un berger & une bergere qui ſe faiſoient l'amour.

> Et puis prirent à caroler (1),
> Et la Bergerette à chanter

______
(1) *Danſer.*

Une chanfon moult nouvellette.
Et difoit en fa chanfonnette :
Dis-moy, Anfel (1) fi taïft Dieux (2),
Si je veuil eftre ta miette,
Oferois-tu demander mieux ?

M. l'Abbé de *Guafco*, de qui j'ai tiré quelques citations, en rapporte une de *Monftrelet*,
qui s'exprime ainfi.

" Quelques Clercs moult efmerveillez du
» défaftre de la bataille d'Azincourt, en 1415,
» firent les vers fuivans :

Chief enfommé par piteufe adventure,
Prince regnant plein de fa voulenté,
Sang fi divis qui de l'autre n'a cure,
Confeil fufpect de partialité,
Peuple deftruit par prodigalité,
Faifont encor tant de gens mendier,
Qu'à un chafcun faudra faire métier.
Nobleffe fait encontre fa nature ;
Le Clergié craint & cela vérité :
Humble commun obéit & endure.
Faux protecteurs luy font adverfité :
Mais trop fouffrir induit néceffité,
Dont adviendra que jà veoir je ne quier (3),
Qu'à un chafcun faudra faire métier.

Nota. Il eft dit dans ces vers *fang fi divis*.
En effet les Princes du Sang étoient tous divifés
fur la fin du regne de *Charles VI*. Tout ce couplet marque bien la fituation du Royaume en
ce temps-là.

Alain Chartier, dans fon Parlement d'amour.
Il s'agit d'un amant qui jouoit aux dez avec fa
dame.

Jamais n'euft fait adroit fon point

---

(1) *Serviteur.*
(2) *Si Dieu t'aide.*
(3) *Je ne fouhaite.*

L'amant; car cette femme adez (1)
Le faifoit jouer mal à point,
Pour ce qu'elle changeoit les dez.
Auffi, amours, vous commandez
Qu'en vous fervant deux cueurs fe tiegnent.
Tous ung : car point n'entendez
Qu'en double voulenté fe tiegnent.
Et elle faifoit à tous tours
Son point double : & c'eftoit par l'art
De fes delicieux atours,
Soy gardant de jecter azard (2).

Le même.

Quand amour ot (3) oui mon cas,
Et vi qu'en bonne fin tendy,
Il remit fa flêche au carcas (4).

Le même.

Les biens mondains, les honneurs & les gloires,
Qu'on aime tant, défire, prife & loue,
Ne font qu'abus & chofes tranfitoires,
Plutoft paffant que le vol d'une alloue (5).

Sous *Charles VII* & *Louis XI*, *Martin-le-Franc*, dans fon débat de fortune.

Noble n'eft-on pour grand cas de richeffe,
Ni pour fervir femme, Reine ou Princeffe,
Pour tenir court pleine de familiers,
Pour lever bruyt plus haut que n'eft la Lune.
Savez qui fait les vaillans Chevaliers,
Defir d'honneur & refus de fortune.

Le même, dans fon *Champion des Dames*, critique du roman de la Rofe ; il fait parler ainfi

---

(1) *Sur le champ.* L'Italien dit *adeffo.*
(2) *Un as.*
(3) *Eut.*
(4) *Carquois.*
(5) *Allouette.*

Malebouche (1) , qui plaidoit contre les femmes.
Il s'agit ici de celles qui viennent de perdre
leur mari.

> *Dies illa, dies iræ,*
> Encore n'eſt-il pas accompli ,
> Quand vefve à ſon cœur adiré (2) ,
> Et mis ſon mari en oubli.

Et un peu après :

> Et devant tous m'oſe vanter ,
> Que pour un mort deux vifs deſirent.

Charles , Duc d'Orléans, pere de *Louis XII,*
qui écrivoit dans le même temps que *Villon,*
& qui manioit la langue auſſi bien & peut-être
mieux que *Villon* , comme l'ont penſé Meſſieurs
les Abbés *Sallier* & de *Guaſco.* Mais *Boileau* ,
qui faiſoit des vers , a trouvé le nom de *Villon*
plus commode que celui de *Charles* , Duc d'Orléans.

Quoi qu'il en ſoit , voici deux morceaux de
ce dernier , où certainement il y a plus de fineſſe
que dans toutes les Œuvres de *Villon ;* mais
ici il s'agit du François de l'un & de l'autre.
En parlant du Duc de Bourgogne :

> Hélas! qui ne l'aimeroit
> De Bourbon le droit héritier ,
> Qui a l'eſtomach de papier ;
> Et aura la goute de droit.

Du même.

> Tiegne ſoy d'amer qui pourra ,
> Plus ne m'en pourroye tenir ,
> Amoureux me faut devenir :
> Je ne ſçay qui m'en advendra ;

---

(1) *Perſonnage de ce roman.*
(2) *Changé.*

Combien que j'ay oy de picçà,
Qu'en amour faut maints maux souffrir,
Tiegne foy d'amer qui pourra,
Plus ne m'en pourroye tenir.
Mon cueur devant hier acointa
Bauté qui tant le sceut chérir,
Que d'elle ne veut départir.
C'est fait, il est sien & sera.

Villon.

Se fusse des hoirs Huë Capel,
Qui fut extrait de boucherie,
On m'eut, parmi ce drapel,
Fait boire de l'écorcherie.

Nota. Villon, qui étoit François, ne devoit pas adopter cette fable ridicule, qu'il a tirée du *Dante.*

Le même, dans son grand testament.

Item à Jean Regnier je donne,
Qui est Sergent voire des douze,
Tant qu'il vivra, ainsi l'ordonne,
Tous les jours une tallemouse (1),
Pour bouter & fourrer sa mouse.

Le même.

Pour ce que chascun soutenoit
Que c'estoit la ville du monde (2),
Qui plus de monde soutenoit,
Et où maint estranger abonde,
Pour la grand science profonde
Renommée en icelle ville,
Je partis, & veux qu'on me tonde,
S'a l'entrée j'avois croix ou pile.

―――――――――――――――――

(1) *Sorte de Caffemuseau. Ici il doit signifier un souflet.*
(2) *Paris.*

Le même.

Je plains le temps de ma jeuneſſe ,
Auquel ai plus qu'en autre temps galé (1).

Le même , dans ſon teſtament.

Cy gît & dort en ſon ſollier (2)
Qu'amour occit de ſon raillon (3) ,
Un pauvre petit Eſcolier ,
Jadis nommé *François Villon.*

Le même.

Il me ſouvient bien , Dieu mercis ,
Que je fis à mon partement
Certains lez l'an cinquante-ſis ,
Qu'aucuns , ſans mon conſentement ,
Voulurent nommer teſtament.

Je finirai le quinzieme ſiecle par les deux morceaux ſuivans.

Coquillard, ſur les minauderies des femmes.

Toujours un tas de petits ris ,
Un tas de petites ſornettes ,
Tant de petits charivaris ,
Tant de petites façonnettes ,
Petits gans , petites mainettes ,
Petites bouches à barbeter ,
Ba , ba , ba , font ces godinettes ,
Quand elles veulent caqueter.

Octavien de St. Gelais.

Quelqu'un deſirant eſtre Preſtre ,
A l'Eveſque ſe préſenta.
Lequel lùy dit , ſi tu veux l'eſtre ,
Quot ſunt ſeptem Sacramenta ?
Ce mot bien fort l'épouvanta.

---

(1) *Galer* , *réjouir* : *c'eſt de là qu'eſt venu le* Gala.
(2) *Grenier.*
(3) *Dard.*

Puis dit, *sunt tres ;* l'Evefque, *quas*
Sunt fpes, fides, & charitas.
Cela eft fort bien refpondu,
Sus qu'on defpeche fon cas.
Il mérite d'être tondu.

Je donne cette Epigramme un peu différemment de ce qu'elle eft dans le *Menagiana ;* mais j'ai fuivi un vieux manufcrit ; & je la crois meilleure de cette façon.

CHAPITRE VIII.

Seizieme Siecle.

LES premiers Poëtes, & les principaux du commencement de ce fiecle, furent *Melin de St. Gelais,* fils de l'Evêque *Octavien de St. Gelais,* qui ne lui laiffa, pour héritage, que fon talent pour la Poéfie.

Et *Jean Marot,* pere de *Clément Marot.*

Je ne citerai qu'un mot des deux ; pour arriver à *Clément.*

Melin de St. Gelais.

Notre Vicaire, un jour de fefte,
Chantoit un *Agnus* gringoté (1)
Tant qu'il pouvoit à pleine tefte,
Penfant d'Annette eftre écouté.

Jean Marot. Rondeau.

Pour le déduit d'amoureufe pafture
A quelqu'un fiz l'autre jour ouverture ;
Qui valoit mieux la Françoife ou Lombarde.
Il me refpond : la Lombarde eft bragarde (2),

_____

(1) *Frédonné.*
(2) *Galamment habillée.*

Mais froide & molle & fourde fous monture.
Beau parler ont & fobre nourriture ;
Mais le furplus n'eft que toute painture.
Vous le voyez, car chacune fe farde
     Pour le déduit.

La Françoife eft entiere & fans rompture :
Douce au monter, mais fiere à la pointure ;
Plaifir la mayne, au profit ne regarde :
Conclufion, qui qu'en parle ou brocarde,
Françoifes font chef-d'œuvres de nature
     Pour le déduit.

Clément Marot.

La protection que *François premier* accorda aux fciences, ranima tous ceux qui avoient quelque talent ; les nouvelles Religions, qui, malheureufement s'éleverent, par fuite des abus qui s'étoient introduits dans l'ancienne, occafionnerent les difputes. Il parut un nombre infini d'écrits nouveaux : les efprits aimables & frivoles, de leur côté, fe donnerent carriere. *Clément Marot* fe perfuada que notre langue, de même que les anciennes, devoit avoir des principes & des regles : il s'y aftreignit autant que le goût & l'ufage de fon fiecle pouvoient le permettre. Ses poéfies firent les délices de fon temps ; fon ftyle eft encore employé de nos jours par les Poëtes qui veulent donner plus de naïveté à leurs expreffions ; qualité que nous avons perdue pour chercher l'ordre & la clarté. Je ne fais fi nous y avons gagné.

Je ne donnerai ici que deux ou trois morceaux de lui. Ses ouvrages font encore entre les mains de tout le monde. Il n'y en a pas un où on ne trouve le Poëte aimable & l'homme d'efprit. On peut encore les lire tous, pourvu qu'on veuille lui pardonner les défauts qui font plutôt ceux de son siecle que les siens. Cependant, il en faut excepter ses Pseaumes : car, quoiqu'il fût bon Huguenot, il est visible qu'il s'entendoit mal à parler dévotion.

Un doux nenny, avec un doux sourire,
Est tant honnête, il le vous faut apprendre ;
Quant est de oui, si veniez à le dire,
D'avoir trop di je voudrois vous reprendre.
Non que je sois ennuyé d'entreprendre
D'avoir le bien dont le desir me point ;
Mais je voudrois qu'en me le laissant prendre
Vous me dissiez, non vous ne l'aurez point.

Rondeau.

Toutes les nuits je ne pense qu'en celle
Qui a le corps plus gent qu'une pucelle
De quatorze ans, sur le point d'enrager :
Et au dedans un cœur pour abréger
Autant joyeux qu'eut onques damoiselle.
Elle a beau tainct, un parler de bon zelle
Et le tetin rond comme une groselle.
N'ai-je donc pas bien cause de songer
    Toutes les nuits.

Touchant son cœur, je l'ay en ma cordelle,
Et son mary n'a sinon le corps d'elle ;
Mais toutes fois quand il voudra changer
Prenne le cueur, & pour le soulager
J'auray pour moy le gent corps de la belle
    Toutes les nuits.

Epigramme.

Quand vous voudrez faire une amye,
Prenez-la de bonne grandeur,
En son esprit non endormie,
En son tétin bonne rondeur :
    Douceur
    En cueur ;
    Langage
    Bien sage ;
Dansant, chantant par bons accords
Et ferme d'esprit & de corps.

La poéfie Françoife devenoit plus claire &
plus intelligible. Elle fembloit approcher de fa
perfection, lorfque le goût des fciences & la
connoiffance des livres anciens qui devoient
nourrir & élever l'efprit, troublèrent le jugement. Les Poëtes, du temps de *Charles IX*,
vivoient dans un fiecle où l'on croyoit qu'on
ne pouvoit montrer beaucoup d'efprit fans beaucoup d'érudition. *Ronfard* & *Dubartas*, entr'autres, au lieu de rechercher cette clarté & cette
netteté, à laquelle on étoit prefque parvenu,
s'imaginerent qu'il falloit imiter le Grec, qui
fouffre la liaifon de plufieurs mots pour n'en
faire qu'un. *Jupiter* ne fut plus fimplement le
Dieu qui lance le tonnerre; il fut appellé le darde-
tonnerre. Le dragon fut un ferpent jette flamme;
la Trinité fut le *triplun*.

Leurs épithetes font toujours Grecques, ou
ont rapport à quelque trait de la mythologie,
de façon qu'il falloit être favant pour les entendre.

L'obfcurité de leur langage donna de l'admi-
ration pendant quelque temps: on décida que
leurs ouvrages étoient excellens, parce qu'il y
avoit une érudition étonnante; & le Lecteur
crut que c'étoit fa faute, s'il n'y comprenoit rien.

Heureufement, les gens fenfés n'en furent
pas long-temps la dupe. *Defportes* & *Bertaut*,
comme a dit *Boileau*, furent plus retenus. Enfin
Malherbe vint, &c.

Mais revenons à *Ronfard* & à *Dubartas*.
Comme on ne les lit plus, je crois qu'il ne fera
pas mal cependant de les faire connoître, quand
ce ne feroit que pour montrer jufqu'où on eft
capable de s'égarer quand on fait ufage de fon
efprit fans aucun goût. J'en vais donc citer
quelque chofe.

Ronfard, dans fa Franciade, parlant de *Frédégonde*.

Elle eft fans peur ni de Dieu ni des Loix,
Toute effrontée, ayant encor les doigts
Rouges du fang de fon mari. Pour taire
Par un beau fait, le meurtre & l'adultere,
Ira guerriere au milieu des combats,
Tiendra fon fils de fix ans en fes bras,
(Traiftre pitié!) pendant à fa mamelle,
Dont fon paillard aura pris la tutelle.

En parlant de différens Poëtes, il vient à un nommé *Pérufe*, qu'on ne connoît plus, & lui dit :

Tu vins après encothurné *Pérufe*,
Efpoinçonné de la tragique Mufe.

Premier couplet d'un fonnet adreffé à fa Maîtreffe, qu'il nomme *Caffandre*.

Je ne fuis point ma guerriere *Caffandre*,
Ne *Mirmidon*, ne *Dolope* foudart,
Ne cet Archer, dont l'homicide dard
Occit ton frere, & mit ta ville en cendre.

Il s'agit ici d'une ville prife d'affaut & brûlée.

Tandis que le feu tournoit,
Forcenant parmi la ville,
Et que l'Argire (1) s'ornoit
De la dépouille fervile.

Le bon *Pafquier*, fenfé à bien des égards, mais donnant dans le goût de fon fiecle, ofe avancer que quand *Ronfard* veut imiter *Virgile*, il femble que *Virgile* lui doive du retour. Il en cite plufieurs exemples. Je me contenterai d'un feul.

___

(1) *Soldat Grec.*

Virgile.

>   *Roseis aurora quadrigis*
> *Jam medium æthereo cursu confecerat orbem,*
> *Et jam prima novo spargebat lumine terras,*
> *Tritoni croceum linquens aurora cubile.*

Ronsard.

> Quand le Soleil perruqué de lumiere,
> Eut de Thétis, sa vieille nourriciere,
> En se levant, abandonné les eaux,
> Et fait grimper contre mont ses chevaux,
> Et que l'aurore à la main safranée,
> Eut annoncé la clarté retournée.

Il voulut aussi imiter *Pindare* ; il essaya de le faire en vers blancs, dont voici un échantillon, sur la naissance du premier fils de *Henri II.*

> En quel bois le plus séparé
> Du populaire, & en quel antre
> Prends-tu plaisir de me guider ?
> O Muse, ma douce folie,
> Afin qu'ardent de ta fureur
> Et du tout, hors de moy, je chante
> L'honneur de ce royal enfant.
> J'écriray des vers non sonnez
> Du Grec, ni du Latin poëte,
> Plus hautement que sur le mont
> Le Prestre Thracien n'entonne
> Le cor à *Bacchus* dédié !
> Ayant la poitrine remplie
> D'une trop vineuse fureur.

La tournure que *Ronsard* donna à son style, étourdit si fort le populaire, qui est son mot, qu'on le crut le plus grand Poëte qui eut jamais été. Il le croyoit aussi. Il dit dans un endroit :

> Si, dès mon enfance,
> Le premier de France,
> J'ay pindarisé,
> De telle entreprise,
> Heureusement prise,
> Je m'en voy prisé.

Il se trompa dans son jugement ; il étoit réellement Poëte, à la vérité ; mais il ne connoissoit pas le génie de la langue dans laquelle il écrivoit.

Cependant, nous lui avons l'obligation d'avoir donné un ordre à nos rimes. Avant lui, après deux rimes masculines ou féminines, on en trouvoit d'autres de la même façon, c'est à-dire, deux rimes masculines, suivies de deux autres rimes différentes, mais masculines aussi. Il crut, avec raison, que cela faisoit un mauvais effet à l'oreille. Il observa de faire succéder perpétuellement les rimes masculines aux féminines, & les féminines aux masculines.

Cet ordre a été trouvé si bon, qu'on l'a suivi jusqu'à présent, & que, lorsqu'on est venu à entremêler les rimes masculines & féminines, si une phrase finit par un vers masculin, on a attention de commencer le suivant par un vers féminin.

Il est encore estimable de s'être attaché à la richesse des rimes, qui est plus nécessaire qu'on ne pense. Une idée vient, on adopte la premiere rime qui se présente : elle est souvent mauvaise ou foible ; on n'y prend pas garde ; mais quand on veut qu'elle soit riche, on cherche dans sa mémoire ; & souvent cette étude fait trouver, en réfléchissant, une meilleure expression, ou même une meilleure idée ; mais la paresse l'emporte. *Racine* avoit raison de dire que *Boileau* lui avoit appris à faire des vers difficilement. Voit-on que leurs vers se ressentent de la gêne ?

Dubartas suivit les traces de *Ronsard* ; il habilla notre langue à la Grecque ; & dans un Poëme intitulé : *la Semaine, de plus de vingt-*

deux mille vers, il parcourut tout l'Univers, déploya tout ce qu'il savoit sur l'histoire sainte & profane, sur l'astronomie, sur les méchaniques, & enfin sur chaque science en particulier. Je ne conseille pas de le lire ; le peu de bon qu'il y a seroit trop acheté ; mais je vais en rapporter quelques traits, pour qu'on juge de son style.

Dans le troisieme jour de la premiere semaine :

Je te salue, ô terre ! ô terre, porte grains,
Porte or, porte santé, porte habits, porte humains,
Porte fruits, porte tours ; ronde, belle, immobile,
Patiente, diverse, odorante, fertile ;
Vêtue d'un manteau tout damassé de fleurs,
Passemanté de flots, bigarré de couleurs :
Je te salue, ô sœur ! mere, nourrice, hostesse
Du Roy des animaux. Tout, ô grande Princesse !
Tout, ce tout vit pour toy. Tant de cieux tournoyans
Portent, pour t'esclairer, tant d'astres flamboyans.

Au quatrieme jour de la seconde semaine, après avoir exalté les Pseaumes de David, il dit :

Ne touche aux vers sacrés d'une lime si douce ;
Pour un luth si royal, il faut un royal pouce.

Au même jour.

La fille à Pharaon, merveille de son temps,
Agençoit ses cheveux jusqu'à terre flottans ;
Et dans un cabinet planché de jaunes lames,
Souffroit la docte main de trois accortes dames :
L'une, d'un buis cent fois dentelé par deux parts,
Sillonne les touffeaux de ses cheveux épars :
L'autre verse dessus ses perruques dorées,
Un fleuve doux glissant de senteurs nectarées :
La tierce, or de l'aiguille, ore d'un doigt mignard,
En frise, en crépillonne, en anelle une part.
L'autre de-çà, de-là, sans artifice, ondelle,
Et l'artiste mespris rend sa beauté plus belle.

Au même jour.

Cette citation fera peut-être trouvée un peu longue, quoique j'aie beaucoup élagué ; mais je crois qu'on ne fera pas fâché de la lire.

Jéhu, vainqueur, entroit dans le Palais où étoit *Jéfabel.* Elle lui dit :

Tu viens donc, ô *Zamri* ! ô meurtrier de ton maiftre !
Jouer à toute refte : eh ! quoi, ne crains-tu pas,
Semblable en parricide, un femblable trépas ?
Maftine, dit le Duc, hé tu japes encore.
Ah ! monftre, c'eft par toi que *Samarie* adore
Les puiffances d'enfer. . . . .
O pefte d'Ifraël, vif foufflet de nos guerres,
Sang-fuë de *Jacob*, & grefle de nos terres,
Tu mourras à ce coup. Valets, jettez l'embas ;
S'elle s'accroche à vous, coupez luy mains & bras.

Les propres ferviteurs de *Jéfabel* la jetterent par la fenêtre. Enfuite :

Le cheval de *Jehu* ronflant paiftrit trois fois,
De fes fouliers de fer le corps enfanterois ;
Et pour, de point en point, accomplir la parole
D'*Elie*, Ambaffadeur du Monarque du Pole,
Tous les chiens d'alentour fe jettent affamez
Sur la tremblante chair des membres parfumez ;
Et le peuple, qui fort à milliers par la porte,
Voyant un tel fpectacle, aife, parle en la forte :
O chiens à cette chienne, ô fiers dogues, mangez
Celle qui, jufqu'aux os, a fes fujets rongés,
Sus, lices, déchirez celle qui vous a faites,
Et bourelles des Saints & tombeaux des Prophêtes,
Hachez-moi fi menu la paillarde de *Bel*,
Que nul ne puiffe dire, ici gift *Jézabel.*

Dubartas ne prend pas garde que c'eft un Poëme qu'il écrit, & qu'il n'y doit employer que des termes nobles. Toute expreffion lui convient, comme tout dialecte à *Homere*, lorf-qu'il les trouvoit plus commodes.

Si *Regnier*, Admirateur outré de *Ronfard*, qu'il regardoit comme le plus excellent de tous

les Poëtes, n'eft point tombé dans les mêmes
écarts, c'eft que le genre fatyrique qu'il avoit
choifi, l'obligea de parler le langage ordinaire
de fon temps.

Malherbe étoit né en 1556. *Ronfard* étoit
mort en 1585, & *Dubartas* en 1590. *Malherbe*
avoit donc trente à trente-quatre ans à la mort
de ces deux Poëtes, qui avoient dompté les
fuffrages de toute la Nation. N'eft-ce pas un
vrai prodige qu'il ne fe foit pas laiffé entraîner
par le préjugé général, qu'il ait cherché à rendre à notre langue fon véritable caractere, &
qu'il y ait réuffi ?

Quoiqu'il appartienne en partie au dix-fep-
rieme fiecle, & que fes Poéfies foient parfaitement connues, je donnerai cependant ici une
Ode de fa façon, pour qu'on puiffe voir, du
même coup-d'œil, la différence étonnante qu'il
y a entre lui & fes deux Prédéceffeurs.

Paraphrafe du Pfeaume 145.

N'efpérons plus, mon ame, aux promeffes du monde,
Sa lumiere eft un verre, & fa faveur une onde,
Que toujours quelque vent empêche de calmer.
Quittons ces vanités, laffons-nous de les fuivre.
  C'eft Dieu qui nous fait vivre ;
  C'eft Dieu qu'il faut aimer.

En vain, pour fatisfaire à nos lâches envies,
Nous paffons près des Rois tout le temps de nos vies,
A fouffrir des mépris, à ployer les genoux.
Ce qu'ils peuvent n'eft rien ; ils font comme nous fommes,
  Véritablement hommes,
  Et meurent comme nous.

Ont-ils rendu l'efprit, ce n'eft plus que pouffiere ;
Que cette majefté fi pompeufe & fi fiere,
Dont l'éclat orgueilleux étonnoit l'Univers,
Et dans ces grands tombeaux, où leurs ames hautaînes
  Font encore les vaines,
  Ils font mangés des vers.

Là fe perdent ſes noms de Maîtres de la Terre,
D'arbitres de la paix , de foudres de la guerre :
Comme ils n'ont plus de ſceptre , ils n'ont plus de flatteurs,
Et tombent avec eux d'une chûte commune ,
     Tous ceux que leur fortune
     Faiſoit leurs ſerviteurs.

Racan, éleve , ami & digne ſucceſſeur de *Malherbe* , marcha ſur ſes traces : en voici quelques preuves.

D'une Ode à *Louis XIII.*

Ce grand *Henry* , dont la mémoire
A triomphé du monument ,
Eſt maintenant comblé de gloire
Sur les voûtes du firmament.
Il marche deſſus les étoiles.
La nuit n'a plus pour lui de voiles ;
Il boit dans la coupe des Dieux ,
Et voit ſous ſes pieds les tempêtes
Venger ſur nos coupables têtes
La juſte colere des Cieux.

Dans ſes ſtances.

O bienheureux celui qui peut , de ſa mémoire ,
Effacer pour jamais ce vain eſpoir de gloire ,
Dont l'inutile ſoin traverſe nos plaiſirs :
Et qui , loin retiré de la foule importune ,
Vivant dans ſa maiſon , content de ſa fortune ,
A , ſelon ſon pouvoir , meſuré ſes deſirs.
. . . .
Roy de ſes paſſions , il a ce qu'il deſire ;
Son fertile domaine eſt ſon petit empire.
Sa cabane eſt ſon Louvre & ſon Fontainebleau.
Ses champs & ſes jardins ſont autant de provinces;
Et ſans porter envie à la pompe des Princes ,
Se contente chez luy de les voir en tableau.

Conſolation au Duc de Bellegarde ſur la mort de ſon fils. Comme il le ſuppoſe en Paradis , il dit de lui:

Il voit ce que l'Olympe a de plus merveilleux ;
Il y voit à ſes pieds ces flambeaux orgueilleux ,

Qui tournent à leur gré la fortune & sa roue,
Et voit, comme fourmis, marcher nos légions.
Dans ce petit amas de poussiere & de boue,
Dont notre vanité fait tant de régions !

Donnons encore ces deux vers de ses Bergeries, qui, jusqu'au temps de *Racine*, ont passé pour les plus parfaits dans notre langue.

Heureux qui vit en paix du lait de ses brebis,
Et qui, de leur toison, voit filer ses habits.

On peut donc être Poëte François, sans avoir recours à *Homere*, à *Virgile*, ou même à *Licophron* (1).

Racan vivoit encore lorsque l'Académie Françoise fut fondée. Ses Membres s'employerent à ôter à la langue tout ce qu'elle avoit d'obscur & d'imparfait. Alors parurent successivement, tant en Prose qu'en Poésie, *Balzac*, *Vaugelas*, *Voiture*, *Sarrasin*, *Corneille*, d'*Ablancourt*, & même *Scarron*, jusqu'au temps de *Paschal*, *Boileau* & *Racine*, qui est pour nous le beau siecle d'*Auguste* ; le maintiendrons-nous ? J'en doute fort. Nous avons déjà commencé à varier sur la prononciation & sur l'ortographe.

------

(1) Le plus obscur & le plus inintelligible de tous les Poëtes Grecs.

CHAPITRE IX.

Dialectes de la Langue Françoise.

J'AI déjà remarqué que les Provinces de France, ayant eu chacune leur Prince Souverain, elles avoient eu aussi leurs expressions & leur prononciation particulieres, dont plusieurs se sont conservées jusqu'à présent ; mais je n'appelle point ce langage dialecte, comme le Provençal, le Languedocien & le Gascon.

Le Provençal & le Languedocien sont des restes du vieux Roman.

Les Provençaux, qui ont toujours aimé la poésie & le chant, furent les Maîtres des Italiens, mais ils conserverent leur patois comme il étoit dans l'origine ; au lieu que les Italiens embellirent leur langue sous la plume du *Dante* & de *Pétrarque* ; mais ces mêmes Poëtes célebres avoient puisé bien des choses chez les *Troubadours*, qui étoient les Poëtes Provençaux, dont *Jean Nostradamus*, frere de *Michel*, nous a donné les vies. Ces Troubadours remplirent toute la France de leurs poésies, & donnerent le goût de cette littérature à nos François, qui étoient encore dans la plus brute ignorance.

Le *Languedocien*, beaucoup plus doux & plus agréable que le Provençal, semble être la véritable langue de la galanterie & de l'amour. Il a produit un excellent Poëte, *Goudouli*, qui écrivoit au commencement de ce dernier siecle.

Le Gascon, bien différent des deux autres, tient en partie du Roman, de l'Espagnol & du Catalan.

M. l'Abbé de *Guasco* a remarqué, à la Tour
de Londres, que tous les actes publics de la
Guyenne font en Latin & en Gascon. Il a ob-
fervé la même chofe dans les actes particuliers,
qui font encore dans le pays.

SECTION CINQUIEME.

Différentes Réflexions sur la Langue Françoise.

CHAPITRE PREMIER.

Des Etymologies.

J'AI dit que la fureur de vouloir tirer toutes les étymologies de la langue Grecque ou de l'Hébreu, les a souvent rendues ridicules ou forcées. J'en vais donner quelques exemples, que je prends du livre des Racines Grecques, ouvrage de Port-Royal.

Bande, nœud, lien.

On le fait venir du Grec *Pandon*, & l'on avoue en même-temps qu'il est pris du mot latin *Pandum*. Je n'ai trouvé aucun de ces deux mots dans les Dictionnaires Grec & Latin ; donc ils ne font pas de l'ancien Grec & de l'ancien Latin.

N'étoit-il pas plus naturel de le tirer de l'Almand, *band*, ou du Celtique, qui dit *banden*? Car je foutiens toujours que le Celtique, confervé dans la Baffe-Bretagne & dans le pays de Galles, quoiqu'avec une dégradation prodigieufe, eft auffi ancien, & peut-être plus ancien que le Grec.

Bord, extrêmité.

On dit qu'il vient de *oros terminus*, pendant que le Celtique dit *bord.*

Boule vient, dit-on, de *Bolé*, qui signifie l'action de jetter, ou ce qu'on jette. En ce cas-là, toute pierre sera *boule*. Le Celtique dit *boule*; mais ne viendroit-il pas plutôt de *volvere*, rouler? On sait que le *b* & l'*u* sont souvent pris l'un pour l'autre chez bien des Peuples.

Boulevard. On le tire de *balleros*, un rempart de gazon. Pourquoi ne l'aller pas chercher dans l'Allemand *bollwerck*, ou dans le Celtique *boulouard*?

Cens vient sûrement du Latin *census*. Ils le font venir de *ctesis*, possession. N'auroit-on pas plus de droit de dire que ce mot est pur Celtique? *Cens.*

Légion vient bien du Latin *legio*. Cependant on le tire du Grec *legeon*, pendant qu'on avoue que ce mot Grec est nouveau & emprunté du Latin.

Léguer. On le tire du mot Grec *lego*, *dico*, pendant qu'il vient du Latin *legare*, léguer, & peut-être du Celtique, *legadi*.

Livre, une livre, vient naturellement du Latin *libra*. On veut qu'il vienne du Grec *litra*.

Mandille, petit manteau. On le fait venir du Grec *mandué*. Ne viendroit-il pas plutôt du Celtique *mandilheun* ?

Pantoufle, du Grec *patein*, *phellon*, fouler aux pieds le liége. N'est-il pas plus simple de
le

le tirer de l'Allemand *pantoffel*, ou du Celtique *pantoufleun*.

Tambour, de *tambos*, étonnement. Tout ce qui étonne doit donc être un tambour. Le Celtique & notre vieux François disent *tabourin*.

Toile vient du Latin *tela* ; & on le veut faire venir de *eileo*, *volvo*.

Tourbillon. S'il vient de *stribilos*, *procella*, le Celtique a, je crois, autant de droit de le revendiquer ; car il dit *terbonen*.

Travailler ne viendroit-il pas plutôt du Celtique *travelli*, que du Grec *tlibein* ?

Je n'irai pas plus loin ; mais je puis soutenir qu'une partie des étymologies qu'on tire du Grec & de l'Hébreu, n'est pas mieux fondée.

Il me paroîtroit plus simple, quand les mêmes mots se rencontrent dans différentes langues, de croire que les premiers Peuples, en se séparant & en changeant peu à peu de langage, auront pu conserver quelques-uns de leurs termes primitifs. Mais les premieres langues sont sûrement perdues.

Pour montrer ce que c'est que la manie de vouloir donner des étymologies de tout, M. *Huet* fait venir le mot *coquecigrue* de *néphélococygie*, inventé par *Aristophane*, pour signifier une ville en l'air.

CHAPITRE II.

Différentes expreſſions, leur origine, ou qui ſont les mêmes dans d'autres Langues.

FERRER *la mule.*

On dit d'un Valet qui ferre la mule, lorſqu'il enfle les mémoires de dépenſe. Cette façon de parler vient de ce qu'autrefois les Magiſtrats, Médecins, & autres graves perſonnages, montoient ſur des mules pour aller à leurs affaires. Lorſqu'ils y reſtoient trop long-temps, les Valets, pour ſe déſennuyer, alloient au cabaret, & mettoient de temps en temps en compte tant pour avoir fait ferrer la mule.

A propos de cela, voici une hiſtoriette. Un Capucin, habile homme ſans doute, tenoit un Cocher au Tribunal de la confeſſion ; il lui demanda s'il n'avoit jamais déferré ſes chevaux, pour en vendre les fers, & dit au Maître qu'ils s'étoient perdus en chemin. Le Cocher, qui n'avoit pas tant d'eſprit que le Capucin, & n'avoit pas imaginé un pareil expédient, le nia fortement. Mais de retour à la maiſon, il ſongea, & dit en lui-même : ma foi, le tour eſt bon ; je m'en ſervirai.

C'eſt auſſi de l'uſage de monter ſur des mules qu'eſt venue cette autre façon de parler: *garder le mulet,* pour dire attendre avec impatience, comme faiſoient les Valets, qui gardoient, dans la cour du Palais, les mules ou mulets de leurs Maîtres.

Pour ainsi dire.

Cette expression est latine. *Quintilien*, en parlant de la replique dans les plaidoyers, dit :

Tunc enim toto corpore enitendum .
Et ut sic dixerim , directa fronte
Pugnandum est.

Paix fourrée , qui n'est faite qu'en apparence, & qui ne dure pas.

Cette expression étoit en usage dès le temps de *Charles VI.* Voyez *Juvenal des Ursins*, pag. 246, 259, 267.

On appella ainsi la paix faite en 1408 , entre le Duc de Bourgogne & les enfans du Duc d'Orléans , qu'il avoit fait assassiner.

Trancher de .... Il tranche du grand Seigneur. Cette façon est ancienne chez nous. Dans le Roman intitulé : *Fausseté & trahison de ceux qui suivent le train d'amour.*

Tantost il est Valet & tantost Maistre ,
Fou , variable & meschant à cognoistre ,
Tantost il *tranche* , & fait de l'amoureux :
Tantost il veut estre Religieux ;
C'est un cocquart (1) , un abuseur de filles.

Boyaux. Je l'aime comme mes petits boyaux.

Cette expression bien basse est pourtant très-ancienne. Ecoutez ces vers de *Mécénas* à *Horace.*

Ni te visceribus meis, Horati
Plus jam diligo.

Jetter quelques propos est pris du Latin. *Salluste* dit, en parlant du Conseil qui fut tenu

____

(1) *Jaseur.*

entre *Jugurtha*, *Hiempfal* & *Adherbal*, que *Jugurtha*,

> *Inter alias res jacit oportere quinquennii*
> *Confulta & decreta omnia refcindi.*

Un corps de fer, pour dire un corps robufte, fe trouve dans *Homere*, Odiffée, liv. 12.

Facere, faire, a la même fignification en Latin qu'en François.

Facere filentium, faire filence.
Vendemiam facere, faire vendanges.
Facere metum, faire peur.
Facere plagam, faire une plaie.
Facere pacem, faire la paix.

Voici un paffage entier de *Celfe*, dans fa Préface.

> *Ifta naturæ rerum contemplatio,*
> *Quamvis non faciat medicum, aptiorem*
> *Tamen medicinæ reddit.*

Encore ceci : *tenere promiffum*, tenir fa promeffe.

Sur quoi je remarque qu'on accufe fort fouvent mal-à-propos nos Ecrivains Latins modernes d'employer des Gallicifmes. On n'eft pas affez inftruit, pour favoir que ce font des expreffions Latines qui ont paffé toutes entieres dans notre langue.

En voici encore pour augmenter les preuves.

Repaffer quelqu'un, pour dire le battre. *Horace*, Satyre 5, *fufte dolare lumbos.*

Combattre de politeffe. Virgile, Æneide, L. 1, v. 552.

> *Officio ne te certaffe priorem*
> *Pæniteat.*

Le restant, pris dans le même sens du Latin, Ænéide, liv. 1, v. 684.

Dona ferens pelago & flammis restantia Trojæ.

Prendre terre. Terme de marine. Ænéide, l. 1, v. 400.

Nunc terras ordine lungo
Aut capere, aut captas jam despectare videntur.

Les Angevins mettent *pas moins* à tout moment dans leurs discours. *Virgile* met avec profusion : *nec minus interea.*

Il est beau de mourir Maître de l'Univers, a dit *Corneille.*
Ænéide, liv. 2, v. 323.
Pulchrumque mori succurrit in armis.

Porter par-tout les yeux. Ænéide, l. 2, v. 570.
Passimque oculos per cuncta ferentes.

Rude à pauvres gens. Id. l. 8, v. 365.
Rebusque veni non asper egenis.

Prendre son temps. Id. l. 11.
Telum ex insidiis, cum tandem tempore capto,
Conjicit.

Toucher à sa fin, expression Espagnole.
Es tiempo que nuestros amores tengan fin.
Guerres civiles de Grenade.

Se promettre, pour dire *espérer.* L'Allemand dit de même *sich versprechen.*

Sous-main. En Allemand, *unter der hand.*

Jusqu'à présent. Cette expression est purement Latine.

St Jérôme, en parlant de la Vierge :

Monstratur sepulchrum ejus usque ad præsens.

Un clou chasse l'autre.

Ciceron, dans sa quatrieme Tusculane : *Novo amore veterem amorem, tanquam clavo clavum ejiciendum putant.*

CHAPITRE III.

Mots François qui peuvent venir d'une langue étrangere, ou qui ressemblent à ceux d'une autre langue, ou enfin leur origine.

O n n'a mis ici que les mots dont l'origine ne se trouve point dans le *Trévoux*, en cinq vol. & dans le Dictionnaire étymologique de *Ménage*, ou dont on donne une origine différente, ou sur lesquels on a cru devoir ajouter quelque chose.

A

Arracher. Trévoux dit qu'on le fait venir d'*Auffreissein*, qui signifie la même chose en Allemand. Ne viendroit-il pas plutôt d'*erreichen*, atteindre à quelque chose pour le prendre ?

Analogie. Ce mot, qui vient du Grec, n'étoit guere connu du temps de *Henry-Etienne*, il y a 200 ans, puisqu'il dit :

« Si les oreilles françoises peuvent porter » ce mot ».

Acre, mot Normand, *champ*, vient de *aker*, Allemand; en Latin, *ager*; en Grec, *agros*. Les dictionnaires difent bien cela; mais ils n'ajoutent pas qu'il vient du Phénicien, *akkar*.

B

Bourreau. Les lettres fur le Parlement, t. 1, page 378, en donnent une étymologie finguliere. Elles difent que ce mot vient d'un Eccléfiaftique, *Richard Borel*, qui, en 1161, poffédoit un fief, à la charge de pendre les voleurs du canton : cela eft tiré, dit-on, des *Olim*, qui eft le titre d'un ancien regiftre du Parlement.

Comment toutes les provinces de France fe font-elles accordées à recevoir ce mot fur un fait particulier? Cette étymologie me paroît une badinerie : on ne l'auroit pas hazardée, fi on avoit été inftruit que ce mot eft Celtique.

Les autres étymologies, qui font dans le Dictionnaire de *Ménage*, ne m'ont point contenté.

Bâtonnier.

Les Avocats & Procureurs ont établi une Confrairie commune en la Chapelle de St. Nicolas, grand'falle du Palais. Le Bâtonnier eft le Chef de cette Confrairie; & le nom de Bâtonnier vient de ce qu'il portoit autrefois le bâton de la Confrairie, où eft l'image de St. Nicolas.

Bienfaifance.

Je crois que c'eft l'Abbé de St. Pierre qui, le premier, s'eft fervi de ce mot, qu'on trouve à tout moment dans fes ouvrages.

Il étonna, en 1756, les Comédiens François, qui ne savoient pas ce que vouloit dire ce même mot dans une Piece de *la Chauſſée*, qu'on leur liſoit. Ce fut le ſieur *de la Torillere* qui le premier s'exclama contre avec vivacité.

Je me ſouviens, à ce propos, que la Dlle. *Silvia* vouloit qu'on ſupprimât d'une Piece du même *la Chauſſée*, le mot de *vétuſté*, comme n'étant pas François. Et voilà les Juges de qui dépendent les Auteurs !

C

Coucou. Ce mot, dont ſe ſervent les enfans, dont l'un ſe cache, & quand il croit être bien caché, crie à l'autre, *coucou*, pour lui dire, cherchez-moi : ce mot, dis-je, ne vient-il pas de l'Allemand ? Les enfans de ce pays diſent de même *kuckcuk*, regardez : *kucken* en Allemand ſignifie *regarder*.

Notez que l'*u* ſe prononce en *ou*.

Cérémonie.
Le Dictionnaire de *Ménage* donne pluſieurs étymologies de ce mot. Celui de *Trévoux* l'a copié mot à mot.

En voici de nouvelles : ſont-elles plus ſûres ? Je n'en ſais rien.

Ou de *Cereſès*, ville d'Etrurie, ou du mot Grec χαιρε, qui eſt une ſalutation ; d'autres le font dériver de *cera*, *cire*, parce qu'on en brûloit en l'honneur des Dieux.

Contre-danse, danſe figurée à quatre & au-delà.

Nous le tenons des Anglois, qui diſent *Country-dances*, danſes ou branles de la campagne.

Country, fignifie pays ou campagne. Nous avons *contrée*.

E

Exminiftre. Je crois que ce n'eft que de ce fiecle-ci qu'on a employé ce terme. Ainfi, il feroit nouveau.

Cependant, on trouve chez *Grégoire de Tours*, *Exdux* dans le même fens.

Enfer, rue d'Enfer.

On dit la rue d'Enfer & la Porte St. Michel. Cette porte s'appelloit autrefois *Porta de Ferto*. Elle fut appellée St. Michel, du nom de *Michelle*, fille de *Charles VI*; & le chemin au-delà, qu'on nommoit déjà rue d'*Enfer*, avoit été appellé auparavant *de Ferto*, dont le Peuple avoit fait d'*Enfer*.

On demandera d'où vient ce mot *de Ferto*, ou *Fertum*, qui eft de la baffe latinité.

Ducange nous apprend que c'étoit la quatrieme partie d'un marc, ou la valeur de cinq fols.

Il nous apprend encore que c'étoit une forte de pain.

Et qu'il fignifioit auffi une foire, *Nundina*; ainfi la porte & la rue d'Enfer fe pouvoient appeller *de Ferto*.

Ou par un péage.

Ou parce qu'on débitoit là cette forte de pain.

Ou parce qu'il y avoit là une foire établie.

On pourroit dire auffi que la rue d'Enfer vient de *via inferior*, parce qu'elle eft plus baffe que la rue du fauxbourg St. Jacques, qui lui eft parallele.

F

Flageolet doit venir du *Plagiolos* des Grecs ;
sorte de flûte, dont le son étoit aigu.

Fabuliste. Le Dictionnaire de Trévoux se
trompe, quand il dit que *Lafontaine* a fait ce
mot ; il se trouve dans *Naudé*, *Apologie des
grands Hommes*, chap. 21.

Frivolité. Ce mot a surpris dans l'*Ecole des
Meres.* Il n'étoit point dans le Dictionnaire de
l'Académie, ni dans *Trévoux.* Cependant *la
Chaussée* n'en étoit point l'Inventeur. L'Abbé
Regnier Desmarais l'avoit employé dans sa tra-
duction des vrais biens & des vrais mots de
Cicéron.

Flibustier.
M. *de Voltaire*, dans ses *Questions sur l'En-
cyclopédie*, dit qu'on ne sait pas d'où vient ce
terme : il paroît s'en embarrasser peu, & il a
a raison ; cependant, comme je traite ici de
notre langue, je dirai qu'il vient du Flamand,
vliboot ; la lettre *u* est ici consonne, & fait
l'effet de l'*f.*
Or, le *vliboot* est une sorte de petit navire
ancien en Hollande.
Comme les Forbans ou Pirates, qui formerent une espece de Société dans le siecle passé,
pour aller écumer les mers de l'Amérique, ne
se servirent, dans les commencemens, que de
ces *Flibots*, que leur fournissoient les Hollandois, on s'accoutuma à leur donner le nom du
petit bâtiment qu'ils montoient. Ainsi les *Fli-
bustiers* étoient des Forbans qui montoient de
petits *Flibots.*

G

Gala est un mot Espagnol, qui veut dire parure, habit de fête.

Lorsqu'il y a *Gala*, il faut, pour faire honneur à la fête, avoir des habits neufs & magnifiques.

Comme ce mot est principalement en usage à Vienne & à Bruxelles, il est à croire que c'est la Cour de Charles-Quint qui l'y a porté.

Gens du Roi. Ces mots ne sont point expliqués dans le *Trévoux* ; il falloit ajouter : ils viennent d'*Agentes*. C'étoient des Officiers choisis par le Roi ou par les Comtes, pour présider à la justice dans leur territoire. Les Rois les appelloient *Agentes nostri*.

Gentilhomme, vient du Latin, *Gentishomo*. C'est le nom que *Tacite*, dans ses *Mœurs des Germains*, donne à ceux qui accompagnoient le Prince à la guerre & servoient l'Etat.

H

Huissier à Verge.

Ils sont ainsi nommés, parce que, suivant leur institut, ils devoient porter une verge ou bâton, & en toucher ceux à qui ils adressoient des exploits.

J

Jupon. Ne viendroit-il point du Turc, qui l'auroit pris de l'Arabe, *Al jubba* ? Les femmes Turques, dit *Thévenot*, portent par-dessus leur caleçon & leur chemise, une petite chemisette piquée, qu'elles appellent *Giupon*. Les Italiens disent *Giubbone*.

L

Lune, lunus, luna.

L'Hébreu avoit *Leuanah*, qui est le nom de la Lune dans son décours. Le Celtique avoit *Lluno*. Ce mot est donc très-ancien.

P

Pagode. On appelle ainsi, dans les Indes, un temple ou lieu destiné aux Idoles. Il tire sa dénomination du mot Persan *Pout*, qui signifie Idole, & *gheda* un Temple. De ces deux mots *Pout Gheda*, s'est formé celui de *Pagode.*

Nous lui donnons en François une signification un peu différente.

On appelle encore *Pagode*, une petite monnoie d'or qui a cours dans les Indes.

Papauté. Du temps de *Charles VI*, on disoit *Papalité.*

Patriote.

Ce mot s'est réveillé dans nos oreilles, pendant qu'il s'est éteint dans nos cœurs. Il étoit déjà employé du temps de *Henri IV.*

Dans les lettres de *Canaye*, Ambassadeur à Venise, en 1606, il y a :

« A *Venise* & à *Bresse*, il s'est trouvé, dans » la maison des Jésuites, des mémoires plus » appartenans à la monarchie du monde, qu'au » royaume des Cieux. Je ne vois point qu'au- » tre Compagnie religieuse ait donné cette » opinion de soi : c'est aux Princes & aux bons » *Patriotes* à ouvrir les yeux ».

Probole. Vient du Grec, *Proboleus, productor ;*

ainsi il signifie *émanation*. Ce terme étoit connu des premiers Hérétiques, qui entendoient par-là les Etres inférieurs, qui émanoient de la Divinité. Quelques Peres de l'Eglise Grecque l'ont employé, comme St. Grégoire.

R

Renom, Renommée.

Ce mot vient de l'usage où l'on étoit de répéter, à grands cris, le nom du Vainqueur dans les Tournois.

S

Sergents, quoi qu'on en dise ne peut venir de *Servientes*; il est bien plus naturel de le dériver de *Serregens*, parce qu'ils étoient pré-posés pour faire serrer les files des bandes, soit du ban ou arriere-ban, soit des autres troupes que commandoient les Baillis & Sénéchaux, & ces Sergents étoient plus Militaires que Praticiens.

Quand ils furent prépofés au service de l'Au-ditoire, ils préférerent le nom d'Huiffiers, qui gardoient l'*huis* ou la porte.

Scene vient du Grec εχωση, *tabernaculum*; tente dont les Latins ont fait *Scena*.

Ce lieu signifioit proprement un lieu couvert de branchages, fait par artifice; &, comme les premieres bouffonneries furent faites fous La-ramée, le nom de *Scene* fut donné ensuite à tous les lieux où l'on représentoit la Comédie.

Saucisson, en matiere de guerre & de siége de Place, pourroit avoir été imaginé au siége d'*Ostende*, où on inventa de nouvelles machines.

Stratagême. Henri Etienne dit que ce mot Grec a trouvé lieu en France depuis quelque temps.

Sigle, eſt la lettre initiale qui repréſente tout le mot ; comme S. P. Q. R. Senatus Populuſque Romanus.

Il vient de *Sigla*, mot de la baſſe Latinité. » *Sigla, litteræ ſingularia, littera lapidaria* ».

T

Tartuffe. Le Dictionnaire de *Trévoux* dit que *Moliere* a enrichi la langue de ce mot. Eſt-il bien vrai qu'il ſoit de lui ?

Trufator eſt un mot de la baſſe Latinité ; *Theodoric de Niem* s'en ſert ; il vivoit en 1400.

Ducange cite un Synode de *Treguier*, de l'an 1435, où on trouve *abuſores & trufatores*.

De *Trufator*, on aura fait *Tortufa*, & enſuite *Tartuffe.* Il ne faut pas rire de cette idée : on a nombre d'exemples de ces mots retournés, en paſſant d'une langue dans une autre. Je ne donnerai que celui-ci pour preuve. De *Morphé* ou *Morpha*, mot Grec, les Latins ont fait *Forma*.

Tombeau. Ce mot vient du Grec *Tumbos*. On le trouve dans *Licophron.* Les *Tumbos* ou *Tumboi* étoient des Temples, où les Peuples honoroient, après leur mort, leurs Rois ou leurs Libérateurs.

Tabac. Les habitans de l'Iſle St. Domingue ſe ſervoient d'un tuyau en forme d'*y*, dont ils ſe mettoient les deux branches dans les narines, & tiroient, par le nez, la fumée d'une plante qu'on étendoit ſur des braſiers demi-allumés. Cet inſtrument ſe nommoit *Tabaco*.

C'eſt apparemment de là qu'eſt venu le nom de *Tabac*, que les Européens auront donné à la plante même.

Trévoux marque une autre origine. On peut choiſir.

V

Vengeance, peut venir de *Vendicatio* par l'Eſpagnol, qui de *Vendicatio* aura fait *Vengança*, & de *Vengança* le François aura fait *Vengeance*.

CHAPITRE IV.

Obſervations diverſes.

COULEUR eſt ancien au figuré. On trouve, dans un acte du quinzieme ſiecle :

« *Renuntiamus omnibus cautelis, coloribus,* » *modiſque, quibus, &c.* »

Juvenal avoit dit auparavant :

Dic aliquem, ſodes, dic ; Quintiliane colorem.

Suffiſance.
Dans le roman de la Roſe, ſignifie ce qui ſuffit.

Suffiſance fait richeſſe.

Sous *Louis XIII*, il ſignifioit ſcience, connoiſſance, capacité. Exemple; *la Peyrere* avoit dit :

« M. *Gaſſendi*, dont la ſuffiſance eſt connue » de tous ceux qui font profeſſion d'aimer les » belles-lettres ».

Il étoit alors pris en bonne part.

Quoique nos Dictionnaires modernes diſent qu'il ſe prend tantôt en bonne & tantôt en mauvaife part, il eft pourtant certain maintenant que *Suffifance* & *Suffifant* fe prennent en mauvaife part.

Girofle & non *gérofle*, comme prétendent ceux qui font les beaux parleurs.

Tous les Dictionnaires, à commencer par *Nicot*, fous *Henri IV*, jufqu'à préfent, ont écrit *Girofle*. Les Dictionnaires des différentes langues de l'Europe ont mis *Girofle*, de même que ceux de l'Académie Françoife.

Celui de *Trévoux* dit auffi: on écrit toujours *Girofle*; mais il ajoute, quelques-uns difent *Gérofle*. Ce mot de quelques-uns ne doit pas faire loi contre tous les Dictionnaires enfemble.

Allons plus loin. Les Voyageurs aux Indes écrivent tous *Girofle*: entr'autres, *le Carpentier*, dans fa traduction de l'Ambaffade des Hollandois à la Chine, celui de *Gémelli*, & celui de la conquête des *Moluques*.

Ce n'eft pas tout; s'il faut dire *Gérofle*, il faut dire auffi *géroflée*; car c'eft le même mot. *Girofle*, en Latin, s'appelle *Cariophilum*, & *Giroflée*, *Floscariophileus*.

J'oubliois encore, pour mon fentiment, que les livres de géographie écrivent tous *Girofle*, & que les Hollandois, dans leur langue, difent *Girofel*.

Perfifler.

Ordinairement on invente un mot pour exprimer une chofe. Celui-ci a été en vogue, & on a difputé long-temps pour favoir ce qu'il fignifioit.

L'Académie, dans fon Dictionnaire de 1740, n'a pas voulu le mettre, voyant qu'il n'avoit pas de fignification fixe. *Je*

Je crois qu'on peut le réduire à deux points.

1°. En difant : cet homme, pendant tout le temps qu'il a été avec nous, n'a fait que nous perfifler ; il n'a dit que des chofes fans fuite, fans raifon, fans liaifon, avec autant de fang-froid, que s'il avoit dit quelque chofe de raifonnable.

2°. Ou bien, (ceci eft une fuppofition) *Moliere* a perfiflé *Cottin* pendant une heure entiere, fans qu'il s'en foit apperçu.

M. *Cottin*, vous avez fait un bon Sonnet ; vous devriez faire une Tragédie, & qui a pu dire à une perfonne qui avoit la fievre,

> Faites la fortir, quoi qu'on die,
> De votre riche appartement.

eft capable de faire le *qu'il mourut* de Corneille.

Je ferois affez d'avis, de donner cette derniere fignification.

Bien des mots qui nous viennent des langues étrangeres, ne paffent pas fouvent avec la même fignification.

Apprehendere, comprendre. Nos Anciens le rendoient par *appréhender* ; maintenant il a deux fignifications. En juftice, *appréhender au corps*, pour *faifir*, & dans l'ufage commun, il veut dire *craindre*.

Receler, cacher un larcin en François, pendant qu'en Latin *recellere* fignifie *abaiffer*, & *recellar*, en Efpagnol, veut dire *craindre*, *foupçonner*.

Lubricus, gliffant. *Lubrique* eft tout autre en François.

M

Bizarria, en Espagnol est galanterie, pompe, ajustement.

Bisarrerie signifie toute autre chose en François.

Inhumain, qui vient d'*inhumanus*, a bien changé dans la route. Du temps de *Cicéron*, il marquoit un homme qui ne savoit pas vivre, qui n'observoit pas les bienséances.

Large, vient de *largus*. Cependant *largus* signifie libéral, en Latin ; & quand les Latins vouloient exprimer ce que nous entendons par *large*, en François ; ils disoient *latus*.

Fleurs pour *menstrues* se dit mal ; on devroit dire, comme dans le seizieme siecle, *flueurs*, qui vient de *fluor*, écoulement. *Bodin* se sert toujours du terme de *flueurs*, qu'il joint à *menstrues* ; & *Nicot* l'exprime ainsi dans son Dictionnaire. Il ajoute cependant *vulgò fleurs* ; preuve que ce dernier mot avoit gagné de son temps.

Monopole, chez nos Anciens, vouloit dire *irrésolution*. Ensuite il a été pris pour *complot*. Maintenant il est revenu à sa véritable signification ; car il vient du Grec, qui veut dire vendre seul, pour vendre à sa fantaisie.

Que de mots chez nous ont changé de sexe depuis *Amyot* & *Montaigne*.

Autrefois *art*, *mensonge*, *poison*, &c. étoient féminins.

Au contraire, *affaire*, *étude*, *erreur*, *épithete*, *œuvre*, étoient masculins.

Rencontre étoit encore masculin du temps de *Bussy Rabutin*.

Il faut compter que tous les mots commençant ou finiſſant par une voyelle, deviendront
féminins un jour. Les femmes diſent déjà une
belle éventail.

De *plein-ſaut*. Les Dictionnaires n'ont pas
remarqué que c'eſt une dégradation du mot
ancien de *primſault*, du premier ſaut.

Ancien. Nos Poëtes modernes le font au beſoin de deux ou de trois ſyllabes; il étoit anciennement de trois.
On lit dans *Henri Etienne* :

En enſuivant les pas de nos *anciens* Peres,
Deſquels la vie étoit chaſte & ſans vitupcres.

Voyez quelle biſarrerie dans la prononciation. Pendant ce temps-là, ils faiſoient *meurtrier & ſanglier* de deux ſyllabes.
Indigne. Capucin indigne. Ce terme d'humi-
lité eſt ancien chez nous.
Gerſon, qui vivoit ſous *Charles VI*, finit ainſi
une lettre :
« *Gerſon*, Chancelier de Paris indigne ».

La lettre *k*. Nos Anciens s'en ſervoient très-
fréquemment à la place du *ch* ou du *q*. *Borel*
croit que c'étoit un reſte du langage que *Phara-
mond* apporta de la Germanie.

En effet, nous avons beaucoup de mots empruntés des Allemands. Cela n'étonnera pas,
quand on remontera à la ſource. Les Francs,
nos Vainqueurs, étoient Germains. Ils en ont
pris auſſi beaucoup de nous, dans les incurſions
que nous avons faites dans leur pays; mais nous

en avons encore plus de la langue Celtique, que
parloient nos ancêtres du temps de *Jules-César*,
& dont les restes se sont conservés dans la Basse-
Bretagne & dans le pays de Galles.

C H A P I T R E V.

Autres Observations.

PASQUIER nous donne un exemple du
changement de la langue jusqu'à son temps. On
disoit avant lui, comme encore à présent, *tenir*
& *venir*; mais au parfait, on disoit *il tenit*, *il
venit*, qui, comme il dit, étoient plus selon les
regles de la Grammaire. L'usage fit dire *tienfit*,
vienfit, & enfin on dit *il tint*, *il vint*. On voit
par là que l'usage n'a pas toujours suivi les
regles.

Le même *Pasquier* dit encore que le temps
où il croit, est celui de la perfection du François. Comme *Ronsard* est son Héros, il est presque persuadé que ce Poëte a fixé notre langue.
Nous en disons autant de *Racine* & de *Boileau*:
mais quand, dans deux ou trois siecles, la langue sera encore changée, car elle changera, on
n'osera plus écrire comme *Racine* & comme
Boileau. Tout ce que les gens sensés pourront
dire, c'est que *Ronsard* ne connoissoit pas le
génie de notre langue, & que *Boileau* l'a connu.
Malgré cela, chacun emploiera le style de son
siecle, en regrettant celui de *Louis XIV*, comme les Latins du bas-Empire, en admirant
Virgile, écrivoient en Latin barbare, & faisoient

rimer leurs vers à la façon des Nations qui les avoient subjugués.

On a cru, pendant un temps, que l'établissement de l'Académie Françoise pouvoit fixer la langue : elle-même en a été détrompée. Aussi ne donne-t-elle maintenant ses Dictionnaires que comme l'Almanach du jour. Si on est étonné de cela, on doit faire réflexion que nous sommes François, & que le changement immodéré de nos modes influe aussi imperceptiblement sur notre langage. Mais il y a bien d'autres causes naturelles qui produisent cette variation.

Comme on ne peut se tenir dans le même point, on veut de la finesse ; la finesse enfante l'obscurité. On veut des pensées plus fortes, on les fait gigantesques. On trouve les expressions anciennes trop simples, on en forme de dures ou d'alambiquées : c'est ce qui arriva à *Ronsard.*

Port-Royal, avec toute sa science, a pensé gâter notre langue. Ses longues périodes, qui étoient bonnes pour Cicéron, ont été heureusement évitées par MM. *de Voltaire* & *J. J. Rousseau.*

Disons plus, la transposition que les Grecs faisoient fréquemment des termes & des expressions d'un art à un autre art, est l'origine de la métaphore, qui a si fort été employée dans les langues plus modernes, & qui donne à la phrase plus d'énergie & plus de variété ; mais il est arrivé que le mot métaphorique est devenu le mot propre, & a chassé l'ancien.

Du temps de *Henri III,* on ne savoit, comme dit *Balzac,* dire ceci est bon, ceci est mauvais : en effet, on ne le distinguoit pas. On

trouve, dans ce siecle-là, des phrases entieres
aussi Françoises que si elles étoient écrites depuis
Racine; mais on retomboit insensiblement dans
le style du temps. Je n'en donnerai que deux
exemples.

　Victor Brodeau, sous *François premier*, sur
les Moines Mendiants.

> Mes beaux Peres Religieux,
> Vous dînez pour un grand-merci.
> O gens heureux! ô demi-Dieux!
> Plût à Dieu que je fusse ainsi.

　Voici encore une petite Epigramme de *Regnier*, qu'on ne feroit pas autrement aujourd'hui.

> Je crois que vous avez fait vœu
> D'aimer & parent & parente;
> Mais puisque vous aimez la tante,
> Epargnez au moins le neveu.

　Au sentiment de *Pasquier*, le temps où les
Poëtes écrivirent le plus, fut celui des Papes
d'Avignon, à commencer sous *Philippe-le-Bel.*

　« Les Poëtes, dit il, profiterent du *Dante*
» & de *Pétrarque* & des Poëtes Provençaux, ce
» qui forma un nombre de *Gâtes-papier* ».

　Il faut ajouter à cela que les voyages perpétuels qu'on faisoit à Avignon furent cause qu'on
y prit beaucoup de mots Italiens, qu'on transporta dans le François. La même chose arriva
sous *Louis XII* & sous *François premier*, qui
voulurent faire des conquêtes en Italie, & n'en
rapporterent que des mots Italiens, &c. ce qui fit
faire à *Henri Etienne* son livre du langage François Italianisé.

　On pourroit croire que la Poésie de nos Anciens a dû servir à l'embellissement de notre langue. Les chansons amoureuses étoient par couplets : on étoit par conséquent obligé de renfermer sa pensée dans un seul couplet, & on écrivoit pour les femmes : mais, selon moi, ç'a été tout le contraire ; il n'a pas tenu aux Poëtes de créer un jargon barbare. Ils alongeoient ou diminuoient les mots, lorsque la mesure du vers les embarrassoit ; ils changeoient la terminaison d'un mot, quand ils avoient besoin d'une rime : j'en ai déjà parlé. Il n'en a pas été de même de la Prose, parce que le Peuple, accoutumé à un même terme, ne le change point tout d'un coup ; & que l'usage, le seul maître des langues, & plus fort que tous les Poëtes, a insensiblement conduit à cette gradation, qui nous a produit un langage raisonnable.

Il y a des mots qui ont percé par toute la terre, comme *stan* ou *tan*, terme scythique, qui veut dire *pays* ; il s'est conservé dans l'Asie, où presque toutes les terminaisons de contrées sont en *tan* ou en *stan*.

Gurgistan, *Indostan*, *Turquestan*, *Sablestan*, &c. ; ils ont pénétré même jusqu'aux extrêmités de l'Europe, où l'on a dit : *Aquitania*, *Brittania*, *Lusitania*.

On sait que le mot *sac* est dans presque toutes les langues.

Il y avoit plus de naïveté dans le langage de nos Anciens ; il y a plus de netteté dans le nôtre. Pourquoi n'avons nous pu les lier ensemble ?

M iv

Il y a des mots dans le Latin qui manquent dans notre langue. Nous en avons aussi qui manquent au Latin; il en est de même dans toutes les langues.

Génie de la langue. L'Académie a oublié ce terme dans les premieres éditions de son Dictionnaire. Je ne sais s'ils l'ont mis dans la derniere.

Exportation, importation. Ces mots ne sont pas anciens; ils ne se trouvent point dans *Nicot.*

On peut croire qu'on n'a commencé à écrire en *Romance* que vers le temps des Croisades. Les Croisés de tous les Etats voulurent célébrer leurs prouesses. Le Latin n'étoit pas à l'usage de tout le monde; il étoit bien plus commode d'employer la langue courante; & lorsqu'ils voulurent faire des vers, ils emprunterent la marche de ceux des Allemands, qui n'avoient, pour toute regle, que la rime : ce qui leur parut bien plus aisé à imiter.

On me demandera peut-être pourquoi, ayant parlé de tant d'Ecrivains François, je n'ai rien dit de *Montaigne.* Mais *Montaigne* s'occupoit plus à penser qu'à bien écrire; son langage est *Périgourdin,* & je n'ai eu en vue que de parler du François. Outre cela, j'en ai passé bien d'autres, pour ne pas donner trop de longueur à mon Ouvrage.

CHAPITRE VI.

Mots hors d'ufage maintenant, qui pourroient nous être nécessaires, & autres qui nous manquent (1).

A

ASSAGIR, vieux mot ; rendre fage.

D

Déshabitude. Nous avons le verbe déshabituer ; pourquoi ne pas adopter le fubftantif déshabitude, pour l'oppofer à habitude.

On dit *unir*, *défunir* : on dit *affembler* ; pourquoi ne dit on pas *deffembler*. Nos Anciens l'ont dit, *Roman de la Rofe*, v. 8850.

> Oncques amours & feigneurie
> Ne s'entrefirent compagnie,
> Ne ne demouroient enfemble ;
> Cil qui maiftrife les *deffemble*.

Il me femble qu'il pourroit être employé en Poéfie, pendant que *disjoindre* n'y peut être admis.

Dépolluer.

Je crois qu'on pourroit admettre ce verbe en faveur de notre bon Roi *Henri IV*, qui, je crois, en eft l'Inventeur.

Ecoutons-le dans une lettre à une de fes maîtreffes.

« J'ai reçu un plaifant tour à l'Eglife : une

____

(1) Le projet que je propofe eft peut-être déraifonnable ; mais enfin je le préfente.

» vieille femme, âgée de quatre-vingts ans, m'eſt
» venue prendre par la tête, & m'a baiſé ; je
» n'en ai pas ri le premier. Demain, vous dé-
» polluerez ma bouche ».

Debâtir doit être autre que détruire. On détruit une maiſon, une forthereſſe, ſouvent pour
ne les pas rétablir. *Debâtir* ſeroit abattre pour
rebâtir.

Défaveur. L'Académie & Trévoux le donnent
comme ſynonyme à diſgrace. La *défaveur* n'eſt-
elle pas plutôt un acheminement à la diſgrace?

Déſamour. Pour ſignifier l'ennui, la laſſitude
qui commence à s'emparer de deux Amants.
Ce mot ne nous manque-t-il pas ?

E

Eſpérable. Deſirer & eſpérer ne ſont point
ſynonymes. Nous diſons deſirable ; *Montaigne*
dit *eſpérable.* Pourquoi n'en uſerions-nous pas ?

S'enjalouſer. Les *Cent Nouvelles Nouvelles* ſe
ſervent de ce terme, pour dire devenir jaloux.

S'enamourer, dont ſe ſervoient nos Anciens,
n'eſt-il pas plus doux que notre mot *s'enmou-
racher ?*

Etrangeté.
Nous avons l'adjectif *étrange. Charron* s'en ſert.

I

Infondre dit plus qu'inſpirer.
Nous avons confondre, refondre. Ne pour-

rions-nous pas recevoir ce premier mot, employé par *Montaigne* ?

Incuriofité. *Montaigne* l'emploie. Nous n'avons point de fubftantif à oppofer à *curiofité*.

R

Ravifement feroit-il fi mauvais, puifqu'on dit fe ravifer ?

S

Subfécutif ne dit-il pas plus que fuivant ou poftérieur ? Il s'entendroit de ce qui fuit immédiatement.

Simplette. Nos Anciens s'en fervoient pour dire une fille fimple.

Nous ne dirons pas la fimple, il nous faut une circonlocution.

Il en eft de même du mot pauvrette ; nous difons la pauvre fille.

T

Tendreffe, *tendreté*, *tendreur*.

Il me femble que les deux derniers pourroient être néceffaires, & fignifier tous trois trois chofes différentes.

La *tendreffe* eft la fenfibilité de l'ame, qui fe voit dans l'amour, dans l'amitié, dans la compaffion.

La *tendreté* feroit pour les fruits, les viandes, les pierres, les bois ; car on dit une chair tendre, un bois tendre, une pierre tendre.

Nicot l'avoit hazardé, auffi bien que plufieurs Dictionnaires des langues étrangeres ; cependant il n'a pas encore fait fortune.

Pour *tendreur*, *Montaigne* l'applique à un

ton de voix affecté, doucereux & même hypo-
crite.

« La tendreur du ton cérémonieux des paroles ».

Charron a employé ce mot après lui :

« Cette tendreur & douceur craintive & cé-
» rémonieuse eſt pour les femmes ».

V

Viviſimilitude ne dit-il pas quelque choſe de
plus que vraiſemblance ou probabilité ?

Volubile.

J'entendis, il y a quelque temps, un Cauſ-
tique, qui vouloit ſoutenir que les femmes parlent avant que de penſer. Il ſe ſervoit de cette
expreſſion :

« Les femmes ont la langue ſi volubile, que
» les paroles ſont parties avant la penſée ».

Je me garderai bien d'approuver cette theſe.
Mais ce mot de *volubile* me parut bon lorſqu'il
étoit bien placé ; & je crois que celui de *délié*
ne ſignifie point autant. De plus, nous avons
déjà *volubilité.*

Quelqu'un plus hardi que moi en pourroit
imaginer bien d'autres : & combien de mots
ſurannés M. *de Voltaire* ne regrette-t-il pas dans
ſon Commentaire ſur *Corneille* ?

SECTION SIXIEME.

DES LANGUES DE L'AMÉRIQUE.

CHAPITRE PREMIER.

De la Langue des Sauvages de l'Amérique Septentrionale.

LE Pere *Charlevoix*, dans son *Histoire de la nouvelle France*, compte trois langues principales chez les Peuples de l'Amérique septentrionale. Le P. *Laffitau* n'en compte que deux : l'*Algonquine* & la *Hurone*, qu'il subdivise en autant de dialectes différens, qu'il y a de Nations particulieres.

S'il faut en croire ce Pere, ces langues n'ont que le verbe, & point de substantif, d'adjectif, de cas, ni de déclinaisons ; mais il ajoute que, dans ces verbes, il se trouve un artifice admirable qui supplée à tout le reste. Quel peut-être cet artifice ? Il ne le dit point.

Au reste, il ne nous importe guere, puisqu'une connoissance plus exacte de ces langues ne nous feroit d'aucune utilité. Mais on peut juger par-là que toutes les connoissances métaphysiques ont dû avoir bien de la peine à entrer dans la tête de pareils Sauvages.

Quelques Voyageurs des premiers temps nous ont laissé la nomenclature d'une de ces langues, qui se parloit vers le *Canada*. Les nouveaux

Voyageurs ne l'ont point retrouvée, & ne l'ont point entendue. La raison en est aisée à donner.

Le Commerce avec les Anglois & les François ayant rapproché ces Sauvages, ils ont voulu nous entendre. Nous leur avons communiqué de nouveaux besoins, comme celui de l'eau-de-vie, qui a aidé à la destruction d'une partie de ces Peuples. Ils ont pris, comme ils ont pu, les mots de nos langues d'Europe ; ils les ont adaptés à leur prononciation : ce n'étoient plus des mots François, ni Anglois. Ce nouveau jargon avoit chassé peu à peu l'ancien. Voilà pourquoi les Dictionnaires qu'on nous a donnés, il y a 150 & 200 ans, sont devenus parfaitement inutiles.

CHAPITRE II.

Amérique Méridionale.

LE même P. *Laffitau* dit qu'aux environs du fleuve des Amazones, on compte jusqu'à soixante-dix langues ; que, malgré cela, il y a dans toute cette partie immense, une langue universelle qui a cours par-tout. J'ai bien de la peine à le croire ; leurs différentes peuplades, qui sont en nombre étonnant, ne se communiquent point ; & il est impossible que les Indiens, voisins du *Pérou* & de la *Plata*, n'aient mêlé l'Espagnol avec leur langue originaire. Les Sauvages voisins du *Bresil* en auront fait de même avec le Portugais ; & ces autres Nations malheureuses, qui sont réparties en commande sous la domination des Espagnols & des Portugais, ont dû nécessairement voir changer leur langage, par le mélange des Esclaves & de leurs Despotes.

CHAPITRE III.

Des Caraïbes.

On a connu encore une langue particuliere, qui étoit celle des *Caraïbes*, que parloient les habitans des Ifles qui font entre l'Amérique feptentrionale & la méridionale; mais la cruauté & la tyrannie des Européens en a détruit la plus grande partie. Le peu qui reftoit eft demeuré dans quelques Ifles ftériles, où notre avarice n'a pu imaginer aucun profit : ou a été fe réfugier dans la *Guyane*, que l'on n'a pas encore envahie.

J'ai vu une nomenclature en langue *Caraïbe* & en François, donnée par un Moine Miffionnaire; mais ce ne font que des phrafes faites pour la converfation. On n'en eft pas plus avancé pour avoir lu cet ouvrage.

CHAPITRE IV.

Du Mexique & du Pérou.

Il s'eft trouvé en Amérique deux Nations policées, parce qu'elles avoient un Gouvernement en regle, des Rois & une Religion, & par conféquent, devoient avoir un langage plus fixe & plus étendu.

François Lopès de Gomara rapporte que les habitans de la nouvelle Efpagne, qui eft le *Mexique*, lorfqu'ils furent découverts, ufoient de certaines figures au lieu de lettres, par le

moyen defquelles ils fe faifoient entendre, &
confervoient la mémoire des chofes paffées; que
ces lettres reffembloient aux lettres hiéroglifi-
ques des Egyptiens.

Les Relations des Indes Occidentales nous
apprennent qu'à *Themiftitan*, lors de la conquête qui fut faite par *Fernand Cortez*, on trouva
des pancartes toutes marquées de figures d'animaux, d'arbres, plantes, herbes, oifeaux, poif-
fons, &c. & qui contenoient les faits & geftes
des Rois de cette Nation.

Au *Pérou*, on trouva une quantité de cor-
delettes de coton dans le cabinet du Roi *Ata-
balipa*, que les Indiens appelloient *Quippos
Camaïos*, nouées en guife de patenôtres, de
diverfes couleurs, felon les chofes qu'ils vouloient repréfenter; & le nombre de ces corde-
lettes nouées, marquoit les ans que les Princes
avoient regné.

Nota. Je vois, dans notre monde, quatre
différentes Nations très éloignées les unes des
autres, qui n'ont pu fe communiquer. Les *Mexi-
cains*, *Péruviens*, *Egyptiens* & *Chinois*, qui fe
font fervis de figures pour exprimer ce qu'ils
vouloient faire connoître. Ne pourroit-on pas
préfumer de-là que cette façon d'écrire eft plus
ancienne que celle des lettres; car là, c'eft un
mot ou une chofe qu'on fait connoître tout d'un
coup; au lieu que je crois qu'il a fallu bien du
temps & des réflexions, pour imaginer une figure
différente à chaque mouvement de la langue,
& à chaque inflexion de la voix?

SECTION

SECTION SEPTIEME.

Le Roman de la Rose.

J'avertis d'avance que Jean de Meun, un des Auteurs de ce Poëme, s'égaye beaucoup aux dépens des Ecclésiastiques; mais il est bon d'observer que la dépravation du Clergé, étoit extrême de son temps; & le schisme de ces Papes, l'un à Rome, l'autre à Avignon, qui se disputerent pendant 70 ans la Chaire de St. Pierre, augmentoit encore le scandale. On ne doit donc pas s'étonner si les satyres de ce siecle-là sont si vives.

Il fut commencé par Guillaume de Loris, sous le regne de St. Louis, & repris quarante ans après sa mort, par Jean de Meun, dit Clopinel.

Cet Ouvrage a, en tout, près de 23000 vers. Le dernier Editeur, M. Langlet Dufresnoy, croit que Guillaume de Loris n'en a fait que les 4150 premiers. Je serois assez de son avis, attendu que, dans ce commencement, il y a plus de simplicité & en même temps plus de monotonie. Outre cela, on y voit plus de mœurs & plus de décence dans les expressions & dans les détails. Au contraire, on trouve dans la suite plus de vivacité, beaucoup de satyre, un acharnement marqué contre les femmes & contre les Prêtres.

Jean de Meun continuant ce Poëme, a nécessairement suivi son plan, que voici en bref.

N

L'Auteur feint qu'étant à l'âge de vingt ans,

Ou (1) point qu'amours prend le péage
Des jeunes gens,

Et au mois de Mai.

Ou (2) temps amoureux, plein de joye,
Qu'il n'y a ne buisson, ne haye,
Qui en celuy-temps ne s'égaye.

il eut une nuit, un songe dans lequel il rencontra le Dieu d'Amour qui lui donna des regles très-sages, pour aimer sans tromperie.

Comme il faut remarquer que ce Roman est tout allégorique, l'Auteur, sous le nom de l'Amant, voulut passer une haye, pour voir les belles roses qui y étoient encloses, & pour y cueillir un bouton.

Bel-accueil qui le reçut, lui permit d'en baiser une; mais *Dangier*, un des portiers, chassa l'Amant, & *Malebouche*, *Peour*, *Honte* & *Jalousie*, gardiens de la Rose, réprimanderent fort *Bel-accueil*, & *Jalousie* bâtit une Tour, où elle enferma *Bel-Accueil*.

On voit venir ensuite *Raison* qui fait un très-beau & très-long sermon à l'Amant, & elle y cite la Bible, la Fable, & l'Histoire profane; Après cela, le Poëte s'égare pour tomber sur des femmes & sur les jaloux [illegible].

Amour arrive bientôt après avec son Armée, pour donner un assaut à la Tour du Château, & délivrer *Bel-accueil*. Au contraire [illegible].

Il attire à son parti *Faux-semblant* [illegible] nement marqué contre les femmes & contre les Prêtres.

(1) au.
(2) au.

l'hypocrifie) & *Abflinence*, *Contrainte*, qui tous deux furprennent *Malebouche*, concierge du Châtel, l'affaffinent, & entrent à l'aide de *Feintife*, de *Largeffe* & de *Convoitife*.

Une vieille qui gardoit *Bel-accueil*, les reçoit fort humainement & leur parle en vieille, c'eft-à-dire, qu'elle leur tient un difcours qui ne finit point: & enfin, elle fait entrer l'Amant par une porte de derriere, dans la chambre de *Bel-accueil*.

Alors l'Amant arrive au verger, croyant pouvoir prendre facilement la Rofe; mais il en eft empêché par *Dangier*, *Honte* & *Paour* qui le battent rudement.

Mais l'armée de l'*Amour* vint au fecours & fut fuivie de *Venus* qui arriva fort à propos; *Nature* s'en mêla auffi, & prouva par bonnes raifons qu'il falloit fuivre fes loix.

Venus, fur ces entrefaites, s'adreffant à *Genius*, qui eft auffi un des acteurs,

Lui met en main un cierge ardent
Qui n'étoit pas de cire vierge,

Un moment après, tout le Château fut en feu. Il y eut un grand combat où *aucuns joufterent tous nuds.* Honte & Paour difparurent, l'Amant s'empara du Château, & cueillit la Rofe; & l'Auteur fe réveilla.

J'ai donné le plus de clarté que j'ai pu, au canevas de ce Roman; mais l'Auteur s'écarte, de forte qu'on perd à tout moment fon fujet de vue. Il y a quelquefois des cents vers de fuite qui font de véritables amphigouris.

Tantôt, c'eft le vrai Dieu qui gouverne le monde; tantôt, c'eft Jupiter, fils de Saturne.

Il y a des endroits où il parle de J. C., des peines & des récompenses que la Religion a marquées pour les bons & pour les méchans: & cela est dit devant le Dieu d'Amour, à qui il semble qu'on veuille apprendre son catéchisme.

On demandera pourquoi, avec tant de disparates, ce Poëme a eu un si grand succès pendant plusieurs siecles? mais on étoit dans une ignorance profonde du vrai bon. Ce livre, outre quelques traits de saine morale, étoit plein de satyres & de licences même grossieres: c'én étoit assez pour flatter la malignité.

On rapporte que les femmes se scandaliserent de ce qui étoit écrit contr'elles; mais il n'est point dit qu'elles se fussent scandalisées des allégories très-claires, & des détails encore moins obscurs qui sont répandus dans tout ce qui est sorti de la plume de Jean de Meun.

Pour connoître un peu mieux cet Ouvrage, que je ne conseille pas de lire, si on craint l'ennui, j'en vais donner quelques extraits. Le Lecteur doit croire que je le respecte assez pour ne lui présenter que ce que je crois pouvoir l'amuser.

J'observe, pour ceux qui voudroient lire la suite des différentes citations, que le nombre que j'ai placé au dessus du premier vers de chacune, est le même que celui qui est dans l'édition de 1735, donnée par l'Abbé Langlet.

J'ai mis en Notes la signification des mots difficiles à entendre.

EXTRAITS

DU ROMAN DE LA ROSE.

SUR LES FEMMES.

Voici le portrait de Dame *Oiseuse* qui étoit
à la porte du verger où étoit la Rose.

Après avoir détaillé tous ses ajustemens, l'Auteur dit au *Vers* 589, &c.

Il paroist bien à son atour,
Qu'elle étoit pou (1) embesoignée.
Quant elle s'estoit bien pignée,
Et bien parée & aornée,
Si estoit faite sa journée.
Moult avoit bon temps & bon May (2)
Quant n'avoit souci, ni esmay (3)
De nulles riens, fors seulement
Penser à son aornement.

Vers 8967. &c.

Las ! (4) se (5) Theophrastus je creusse,
Jamais femme espousé je n'eusse :
Il ne tient pas homme pour sage,
Qui femme prend par mariage.

Vers 9555. &c.

Qui femme prent au mien escient, (6)

----

(1) *Pou, peu.* Cela soit dit une fois pour toutes.
(2) *Bon May.* La même chose que *Bon temps.*
(3) *Esmay, chagrin.*
(4) *Las ! hélas.*
(5) *Se.* Il faut songer que *Se* signifie toujours *Si.* C'est
le *Se* des Italiens.
(6) *A mon avis.*

N iij

Tant l'avoit gardant, n'espiant;
Si eust des yeulx plus d'un millier,
Toutes se font hurtebiller : (1)
Il n'est garde qui rien y vaille.

Vers 9567. &c.

Et c'est le moindre des péchiez
Dont corps de femme est entechiez;
Car leur nature leur commande
Que chascune à pis faire entende.

Vers 9576. &c.

Toutes, estes, serez, ou fustes
De fait ou de voulentez putes,
Et qui très-bien vous chercheroit,
Putes toutes vous trouveroit.

Vers 9691. &c.

Ces ors (2) ribaulx, ces puteniers,
. . . .
Quant entre vos bras les tenez,
Par devant dient qu'ils vous ament,
Par derriere putain vous clament.

Vers 9874. &c.

Femme ne craint honneur ne honte,
Quant riens en la teste luy monte.

Vers 10144. &c.

Ces jolies, ces Renvoyssées (3)
. . . .
Sont à si grand vilté venues,
Qu'elles se vendent maintenant,
Se argent est en la main tenant.
Trop est laide chose à entendre,
Que noble corps se puisse vendre.

Vers 10004. &c.

Rien ne jure, ne ne ment
Com femme, ne plus hardiement.

____

(1) On doit deviner ce que cela veut dire.
(2) *Ors, vilain, sale.*
(3) *Ces agréables.*

Venons à ce qui concerne *Faulx-semblant* &
Abstinence contrainte, qui sont des personnages
du Poëme. Voici comme *Faulx-semblant* se dé-
peint lui-même.

Vers 11810. &c.

Trop sçay bien mes habits changier,
Prendre l'ung, & l'autre estrangier :
Or suis Chevalier, or suis Moyne,
Or suis Prélat, or suis Chanoine ;
Or suis Clerc, & autre heure Prestre,
Or suis Disciple, & or suis Maistre :
. . . .
Or suis Robert, or suis Robin :
Or Cordelier, or Jacobin.
Si prends, pour faire ma compaigne
Qui me soulace & acompaigne,
C'est Dame *Abstinence contrainte*
Qui porte desguyseure mainte,
Si comme il luy vient à plaisir,
Pour acomplir le sien desir.

Ecoutons maintenant ce que dit l'Auteur
d'*Abstinence contrainte*, & de *Faulx-semblant*.
Il faudroit lire le tout, mais ce seroit trop pour
un extrait.

Abstinence contrainte.

Vers 12769. &c.

Vest une robe cameline,
Et s'aourne comme béguine,
Et eut d'un large couvre-chief,
Et d'un blanc drap couvert son chief.
Son Psaultier mie n'oublia.
Une patenostres y a
A un blanc lats de fil pendues,
Qui ne luy furent pas vendues.
Données les luy eut ung Frere
Qu'elle disoit estre son pere,
Et la visitoit moult souvent
Plus que les autres du Convent.

Quant à *Faulx-semblant*,

Vers 12812. &c.

La chiere (1) eut moult simple & piteuse;
Ne la regardeure orgueilleuse
N'eut-il pas, mais douce & paisible,
A son col portoit une Bible.
Après s'en va, sans Ecuyer,
Et pour les membres appuyer,
Eut, ainsi que par impotence,
De trahison une potence (2),
Et fist en sa manche glacier (3)
Ung tranchant rasouer d'acier,
Qui fut forgé en une forge
Que l'on appelle coupe-gorge,
Et fut trempé sur ung tison
Que l'en (4) appelle trahison.

Prêtres & Moines.

Il faut observer qu'il parle de ceux de son temps, qui ne gardoient ni les décences, ni les dehors.

Vers 3688. &c.

Luxure regne par-tout,
Son pouvoir ne fine (5) de croistre
En Abbaye, ne en Cloistre.

Faulx-semblant parlant des Moines, dit:

Vers 11673. &c.

Ils font un argument au monde,
Où conclusion a honteuse.
C'est à robe relligieuse,
Donc est-il Relligieux:
C'est argument est vicieux;
La robe ne fait pas le Moyne.

---

(1) *Le Visage, la mine*; l'Italien dit *Ciera*.
(2) *Bequille.*
(3) *Glisser.*
(4) On disoit autrefois *l'en* pour *l'on.*
(5) *Ne fine, ne cesse.*

Voici comme il les fait parler eux-mêmes, lorsqu'ils confessent.

Vers 11844. &c.

Et si fais cheoir dedans mes pieges
Le monde par mes privileges,
Et puis confesser & absouldre;
Ce ne me peut nul Prélat touldre (1),
Fors l'Apostoile seulement (2),
Qui fist cet establissement.

Comme ils aiment à confesser les gens riches & les grands Seigneurs, *Faulx-semblant* leur fait terminer ainsi leur discours.

Vers 11924. &c.

Mais povres femmes, povres hommes,
Qui de deniers n'ont pas grans sommes,
Veulx-je bien aux Prélats laisser
Et aux Curez à confesser,
Car ceulx rien ne me donneroient.

Il faudroit lire toute la suite qui est fort longue, & où il y a de bonnes choses. On y parle aussi d'Adam, de J. C., de St. Paul, de Moyse, de l'Evangile, & tout cela, en présence de l'Amour, comme je crois l'avoir déjà remarqué.

Vers 12239. &c.

De labourer ne me peut plaire,
De labour nul n'ai-je que faire.
Trop a grant paine à labourer;
Mieulx veulx devant les gens orer (3),
Et affubler (4) ma regnardie (5)
Du manteau de papelardie.

---

(1) *Oter, de* tollere.
(2) *Le Pape.*
(3) *Prier, du latin* orare.
(4) *Coëffer.*
(5) *Finesse.*

Vers 12400. &c.

Nous sommes, & vous fais sçavoir,
Ceulx qui tout ont, sans rien avoir.

Voici encore leur portrait.

Vers 12508. &c.

Jà ne les connoistrez aux robes,
Les faulx traistres tous plains de lobes (1),
Leurs faits vous convient regarder
Se d'eulx vous voulez bien garder.

Vers 12871. &c.

Les Célestins, tous ces beaux peres,
Les Cordeliers & les Barrez (2),
Tant soient-ils gros & quarrez,
N'est nul qui n'appere (3) prudhom
Dont on peut bien dire abandon :
Que (4) jà ne verrez d'apparence
Conclure bonne conséquence,
En nul argument que l'en fasse.
Ce défault existence efface,
Toujours y trouverez sophime
Qui la conséquence envenime,
Se vous avez subtilité
D'entendre la duplicité.

La vieille Matrone.

J'ai parlé au commencement, de cette vieille.
Elle fait un détail de sa vie, & donne de fort
bons conseils aux femmes, pour attirer les
hommes, & pour les tromper.

---

(1) *Fable, tromperie.*
(2) *C'est le premier nom qu'ont eû les Carmes qui de-*
meuroient d'abord près St. Paul, dans la rüe qui a rete-
nu d'eux le nom de rue des Barrez.
(3) *Appere, paroisse, du latin* apparere.
(4) *Que,* est ici pour *car,* c'est le *che* dés Italiens.

La fatyre de Macette, de Regnier, qui eſt charmante, eſt une imitation de ce que dit la vieille dans ce Roman, comme l'a remarqué l'Abbé Langlet; mais je ne ſerois pas de ſon avis de donner la préférence à Jean de Meun, ſur Regnier. Jean de Menn dit tout, & ſelon moi, il en dit trop. Il faut faire un choix: Regnier l'a fait, il s'eſt renfermé dans des bornes convenables. Tout libertin qu'il eſt, il refpecte ſon lecteur. S'il va quelquefois un peu loin, ce n'eſt qu'en paſſant; il ne s'appeſantit point ſur ſon ſujet, comme Jean de Meun, qui donne des détails très-longs & très-indécens.

Voyons maintenant ce que dit la vieille: je ne dirai pas tout, pour raiſon.

Vers 13588. &c.

J'ai maint vaillant homme deceu,
Quant en mes latz l'ay trouvé cheu;
Mais avant fuz de mains déceue,
Que je ne m'en fuſſe apperceue.

Vers 14245. &c.

Si doit la Dame prendre garde
Que trop à louer (1) ne ſe tarde;
Car elle pourroit tant attendre,
Que nul n'y vouldroit la main tendre
Querir doit d'amours le déduit,
Tant que jeuneſſe la déduit;
Car quant vieilleſſe femme aſſault,
D'amours perd la joye & l'aſſault.

Vers 14352. &c.

Toujours femme doit mettre cure
Qu'el puiſt la louve reſſembler,
Quant el veut la brebis embler (2),

____

(1) *A ſe livrer.*
(2) *Prendre, enlever.* D'où nous eſt reſtée l'expreſſion *prendre d'emblée.*

Qui de paour qu'el ne puiſt faillir,
Pour une en va mille aſſaillir,
Et ne ſcet laquelle prendra,
Devant que prinſe la tiendra.
Ainſi doit femme par-tout tendre
Ses retz, pour tous les hommes prendre;
Car pour ce qu'el' ne peut ſçavoir,
Deſquelz elle puiſt grace avoir,
Au moins pour un à ſoy cherchier,
A tous doit ſon croc attachier.

La ſuite, je la paſſe.

Vers 14381. &c.

Elle ne leur doit rien laiſſer
Dont ilz ſe puiſſent engreiſſer;
Mais mettre à ſi grans povretez,
Qu'ils meurent las & endettez.

Vers 14467. &c.

Folle eſt qui ſon ami ne plume;
Car qui mieulx plumer le ſçaura,
C'eſt celle qui meilleur l'aura.
Et plus chiere ſera tenue,
Quand plus chiere ſe ſera vendue;
Car ce que l'en a pour néant,
Eſt-on d'autant plus villenant,
Et ne la priſe on une écorce.

Voyons à préſent ce que penſe Dame _Nature_
L'Auteur appelle tout ce qu'elle dit, _ſa confeſſion_.

Vers 17210. &c.

Nul homs qui ſoit de mere né,
S'il n'eſt yvres ou forcené,
Ne doit à femme révéler
Nulle riens qui faſſe à celer,
Se d'autrui ne le veult ouyr.

Vers 17495. &c.

Bien les veſtez, bien les chauſſez,
Et toujours à ce labourez,

Que les fervez & honnourez
Pour continuer votre efpece.
. . . .
Mais jà tant ne vous y fiez,
Que chofe à taire leur diez.

Vers 17512. &c.

Mais fe tant vous abandonnez ;
Qu'un peu de pouvoir leur donnez,
A tard vous en repentirez,
Quant leur malice fentirez.
. . . .
Mais fe preux eftes & fenez (1),
Quant entre vos bras les tenez,
Et les accolez & baifiez,
Je vous pry que vous vous taifiez.
. . . .
Mais quant les folz font là venuz,
Qu'ils font entre leurs bras tenuz,
Et les accolent & les baifent ;
Entre les jeux qui tant leurs plaifent,
Lors n'y peut rien eftre célé :
Là eft le fecret révélé,
Là fe defcueuvrent les marys,
Dont puis font dolens & marrys.

Vers 19442. &c.

Car fuffifance fait richeffe,
Et convoytife fait povreffe :
Soit Roy, ou n'ait vaillant deux miches,
Qui plus convoite, moins eft riche.

Sur ceux qui fe piquent de nobleffe.

Vers 19503. &c.

Je réponds que nul n'eft gentilz,
S'il n'eft aux vertus ententifz.
Nul n'eft vilain que par fon vice,
Dont il eft outrageux & nice (2).

______

(1) *Sage, de bon fens.*
(2) *Sot.*

Nobleſſe vient de bon courage,
La gentilleſſe de lignage,
N'eſt pas gentilleſſe qui vaille.
Pourquoy bonté du cœur y faille,
Pourquoy doit eſtre en luy parens,
La proueſſe de ſes parens.

Les cinq derniers vers demandent, je crois, un commentaire, & je le haſarde ainſi.

La gentilleſſe de lignage n'eſt pas gentilleſſe qui vaille. Si la bonté du cœur y manque, pourquoi, ou de quel droit voudroit-on ſe parer de la proueſſe de ſes ancêtres ?

Elle dit encore que le vrai noble,

Vers 19576. &c.

Dames honnoure & Damoiſelles,
Mais ne ſe fie trop en elles.

Sur le même ſujet,

Vers 19771. &c.

Jamais gentilz par autrui n'y erent (1)
Je n'en metz hors ne Duc ne Comte.
D'autre part eſt-ce plus grant honte
A filz de Roy, s'il eſtoit nices,
Et plein d'oultrages & de vices,
Que s'il eſtoit filz d'un Chartier,
D'un Porchier ou d'un Savetier ?

Après avoir parlé en faveur de la génération, *Nature* s'exclame contre les non-Conformiſtes, mais allégoriquement, comme on va voir ; ainſi je puis me haſarder de citer ce paſſage.

Vers 20542. &c.

Ceulx que les deux marteaux reçoivent,
Et ne forgent ſi comme ils doivent.

---

(1) *N'y erent, n'étoient ou ne furent nobles, par auſſi
Ce mot vient du latin, erant.*

Droictement sur la droicte enclume,
Ceulx qui si leurs péthiez enfume
Par leur orgueil qui les desvoye,
Qu'ils déprisent la droicte voye
Du champ très-bel & plantureux,
Et vont comme folz maleureux
Arer en la terre déserte (1),
Où leur semence va-a perte;
Ne jà n'y tiendront droicte rue,
Ains (2) vont bestournant la charrue (3).

Quelques vers après commençant au 20570.

Puisque là se veulent aherdre (4),
Ains (5) qu'ils meurent, puissent-ils perdre
Et l'aufmoniere, 6); & les estalles (7)
Dont ils ont fignes d'être males,
Perte leur vienne des pendans
A quoi l'aumofniere est pendans.
Les matteaulx dedans attachiez
Puissent-ils avoir arrachiez.

Quelques vers encore après.

Pour Dieu, Seigneurs, vous qui vivez,
Gardez que telz gens n'ensuivez.
Soyez aux œuvres natureux,
Plus vistes que nulz escureux,
Et plus légiers & plus mouvans
Que n'est un oyselet volans.
. . . .
Arez pour Dieu, Barons, arez,
Et voz lignages réparez;
Se ne penfez forment d'arer (8).

____

(1) *Arer*, labourer; du Latin arare.
(2) *Bestourner*, tourner à rebours.
(3) *Ains*, mais, de l'Italien anzi.
(4) *S'attacher.*
(5) Ici il signifie *Avant*.
(6) *En termes ordinaires, c'étoit la Bourse où on ferroit son argent.*
(7) *Estales. Devinez.*
(8) *Forment*, pour fortément. Licence de ce temps-là.

N'eſt rien qui les peuſt réparer.
Je n'oſe aller plus loin.

Vers 20794. &c.

Penſez de mener bonne vie,
Chaſcun voiſe embraſſer ſa mie,
Et ſon ami chaſcune embraſſe,
Et baiſe, & feſtoye & ſoulaſſe.
Se loyaulment vous entr'amez,
Jà n'en devez eſtre blaſmez.
Et quant aſſez aurez joué,
Comme je vous ay cy loué,
Penſez de vous bien confeſſer,
Pour bien faire & pour mal laiſſer ;
Et réclamez ce Dieu céleſtre
Que *Nature* réclame à maiſtre.

AUTRES PASSAGES
pris en différens endroits.

Vers 370. &c.

Le temps qui s'en va nuit & jour,
Sans repos prendre & ſans ſéjour,
Et qui de nous ſe part & emble (1)
Si céléement qu'il nous ſemble
Qu'il nous ſoit toujours en ung poin,
Et il ne s'y arreſte point.
Ains ne fine (2) de treſpaſſer,
Si que on ne pourroit penſer
Lequel temps c'eſt qui eſt préſent.

Voici le détail d'une Danſe qui me paroît
être l'origine de notre nouvelle Allemande.

Vers 781. &c.

L'une venoit tout bellement
Contre l'autre, & quant il eſtoient,

---

(1) *Embler*, prendre, voler.
(2) *Ne ceſſe.*

Puis

Puis après , fi s'entregettoient
Les bouches, & vous fuſt avis
Qu'ilz s'entrebaiſoient ès vis (1),
Tant bien ſçavoient diviſer
Et leurs corps en danſant briſer.

Ecoutons une leçon très-ſage de l'Amour.

Vers 2144. &c.

Jà pour nommer vilaine choſe,
Ne doit la bouche être décloſe.
Jà ne tiens pas à courtois homme
Qui orde choſe & laide nomme.
Toutes femmes fers & honnoure,
A eulx aider paine & laboure.
Et ſi tu oys nul médiſant
Qui les femmes ſoit mépriſant,
Blaſme le , & fais qu'il ſe taiſe.

Il eſt bon de remarquer que cela eſt de Guillaume de Loris : Jean de Meun n'eſt pas ſi retenu.

Vers 3478. &c.

Cil à baiſer qui peut attaindre,
A peine peut à tant remaindre (2),
Et ſachiez à qui l'en octroye
Le baiſer, il a de la proye,
Le mieulx & le plus advenant ,
Et avec ce , le remenant (3).

Vers 8850. &c.

Oncques Amour & Seigneurie
Ne s'entrefirent compagnie ;
Ne ne demeuroient enſemble :
Cil qui maîtriſe les deſſemble..

---

(1) *au Viſage.*
(2) *Demeurer , ſe contenter.*
(3) *Le reſte.*

O

Vers 9898. &c.

Jà de sa femme n'est amez,
Qui sire en veut estre clamez.

Vers 10208. &c.

Cil qui veult sa femme battre,
Pour soy mieulx en s'amour embattre (1),
Quant la veult rappamer,
C'est cil qui pour apprivoiser,
Bat son chat, & puis le rappelle
Pour le lier à sa cordelle.

Vers 10418. &c.

Car il n'est femme, tant soit bonne,
Vieille ou jeune, mondaine ou nonne,
Ne si religieuse Dame
Tant soit chaste de corps & d'ame,
Si l'en va sa beaulté louant,
Qui ne se délecte en l'oyant.

Voici un jurement de l'Amour, pour affirmer
ce qu'il dit.

Vers 11445. &c.

Pour vous mieulx la chose asseurer,
Encor je vous veuil plus jurer
Par la foy que doy tous mes freres,
Dont nul ne sçet nommer les peres.

Vers 14653. &c.

Car Nature n'est pas si forte,
Qu'elle fasse naître Marotte
Tant seulement pour Robichon,
Se l'entendement y fichon :
Ne Robichon pour Mariette,

---

(1) *Se divertir.*

Ne pour Agnès, ne pour Perrette ;
Ains nous a fait, beau filz, n'en doubtes,
Toutes pour tous, & tous pour toutes,
Chafcune pour chafcun commune,
Et chafcun commun pour chafcune.

Vers 15163. &c.

Nul ne peut mettre en femme garde,
Si elle mefme ne fe garde.

Je finirai par un Edit que Jupiter fir promul-
guer, lorfqu'il fut devenu le Maître du Monde.

Vers 21004.

Jupiter qui le Monde reigle,
Commande & eftablit pour reigle
Que chafcun penfe d'eftre à aife,
Et s'il fcet chofe qui lui plaife,
Qu'il le faffe, s'il le peut faire,
Pour foulas à fon cueur a&raire.

Onc autrement ne fermona ;
Communément abandonna
Que chafcun en fon endroit feift
Tout ce que déleétable veift ;
Car délié (1) fi comme il penfoit,
Eft la meilleure chofe qui foit,
Et le fouverain bien en vie,
Dont chafcun doit avoir envie.
Et pour ce que tous l'enfuiviffent,
Et qu'ils à fes œuvres premiffent
Exemple de vivre, faifoit
A fon corps ce qu'il lui plaifoit.

Je crois qu'au vers

Onc autrement ne fermona,

commence une efpece de Commentaire de
l'Edit de Jupiter.

---

(1) *Plaifir, déleétation.*

Par ce que je viens de rapporter, on peut juger que ce n'eſt point tout-à-fait à tort que nos bons ancêtres ſe ſont amuſés de ce Roman. Il y a réellement des beautés ; mais elles ſont noyées dans un déluge de paroles. Les diſparates y ſont ſans nombre, & ce qu'il y a de bon eſt perdu en partie pour nous, par l'obſcurité d'un langage brut & barbare.

Jean de Meun, outre ſon Roman de la Roſe, a fait entr'autres, un codicille & un teſtament.

Il employe une partie de ſon codicile, à prêcher les Evêques qui, apparemment de ſon temps, n'étoient ni dévots, ni ſavans, ni charitables.

Enſuite il tombe ſur les Prêtres & ſur les Moines d'une façon aſſez vive.

Voici contre les Moines.

Ly ung prennent les Rois, & ly autres les Roynes,
Pour ſçavoir les ſecrets des cueurs, & les convines (1) ;
Car ilz ſont tous certains que par ces deux racines
Leur ſont les autres branches ſujettes & enclines.

Après cela il s'étend ſur les femmes; car il y revient toujours, & termine par une morale où il détaille tous les péchés mortels ; mais il ne finit point ſur la luxure, & il paroît que ce péché l'intéreſſe beaucoup.

Un des malheurs, entr'autres, qui en provient, c'eſt qu'il faut être deux pour le commettre.

Luxure damne à coup à tout le moins deux ames.

____

(1) Intrigues.

Mais je ne vois point parmi les inconvéniens de ce péché, qu'il soit parlé de la V*** ; preuve qu'elle n'étoit point encore connue alors.

Dans le reste de l'Ouvrage, il est question des Myftères de la Religion, du Paradis & de l'Enfer, fur lequel il dit, entr'autres,

Tormens y a pour Papes, pour Rois & Chevaliers,
Pour faulx Clercs, pour faux Lais, & pour faux Régu-
  liers;
Pour les Relligieux, & pour faux Séculiers;
Tormens y a communs propres & finguliers.

Et cet autre couplet.

S'aucuns par fol amour fe font entredamnez,
Là feront mis enfemble, & joints & enchaignez,
Battus & defrompus, froiffez & efchinez.

Le tout finit par une priere à la Vierge ; & il appelle cela fon codicille.

Son teftament commence par fa profeffion de foi, & par un détail de tout ce que doit croire un Chrétien. Enfuite on trouve une énumération des biens que J. C. nous a procurés en fe faifant homme. Un abregé de l'Evangile, des Actes des Apôtres ; & ce qui arrivera au Jugement dernier, à la féparation des bons & des méchans.

Comme cet extrait eft fait principalement pour connoître le langage de ces temps groffiers, j'y remarque la façon uniforme dont on arrangeoit alors, tant les vers Alexandrins, que les autres vers.

APPROBATION.

J'ai lu, par ordre de Monseigneur le Garde des Sceaux, un Manuscrit qui a pour titre : *Essai sur les Langues en général, & sur la Langue Françoise en particulier, &c.* J'y ai admiré l'étendue des connoissances que l'Auteur y développe sur l'analogie de la plupart des Langues entre elles, comme filles d'une même mere ; & ce fruit de ses recherches sur ce qui peut nous rester d'un langage primitif dont toutes les autres langues se sont depuis partagé les dépouilles, me paroît devoir lui mériter le suffrage des Savans, exciter l'émulation de ceux qui auront le courage de reprendre après lui un travail qu'il a si heureusement ébauché, & lui assurer la reconnoissance de tout François curieux d'apprendre l'origine & les différentes progressions de sa Langue. Donné à Paris, ce 18 Juillet 1776.

LOURDET, *Professeur Royal.*

PRIVILEGE DU ROI.

LOUIS, par la grace de Dieu, Roi de France & de Navarre, à nos amés & féaux Conseillers, les Gens tenans nos Cours de Parlement, Maîtres des Requêtes ordinaires de notre Hôtel, Grand Conseil, Prévôt de Paris, Baillis, Sénéchaux, leurs Lieutenans Civils, & autres nos Justiciers qu'il appartiendra : Salut. Notre amé le Sieur Sablier, Nous a fait exposer qu'il desireroit faire imprimer & donner au Public un Ouvrage qui a pour titre : *Essai sur les Langues en général, & sur la Langue Françoise en particulier,* s'il nous plaisoit lui accorder nos lettres de Permission pour ce nécessaires. A ces causes, voulant favorablement traiter l'Exposant, nous lui avons permis & permettons par ces Présentes, de faire imprimer ledit Ouvrage autant de fois que bon lui semblera, & de le faire vendre & débiter par tout notre

Royaume, pendant le temps de trois années consécutives, à compter du jour de la date des Préfentes. Faifons défenfes à tous Imprimeurs, Libraires & autres perfonnes, de quelque qualité & condition qu'elles foient, d'en introduire d'impreffion étrangere dans aucun lieu de notre obéiffance : A la charge que ces Préfentes feront enregiftrées tout au long fur le Regiftre de la Communauté des Imprimeurs & Libraires de Paris, dans trois mois de la date d'icelles ; que l'impreffion dudit Ouvrage fera faite dans notre Royaume & non ailleurs, en bon papier & beaux caracteres, que l'Impétrant fe conformera en tout aux Reglemens de la Librairie, & notamment à celui du dix Avril mil fept cent vingt-cinq, à peine de déchéance de la préfente Permiffion ; qu'avant de l'expofer en vente, le manufcrit qui aura fervi de copie à l'impreffion dudit ouvrage, fera remis dans le même état où l'approbation y aura été donnée, ès mains de notre très-cher & féal Chevalier, Garde des Sceaux de France, le Sieur HUE DE MIROMESNIL, qu'il en fera enfuite remis deux Exemplaires dans notre Bibliotheque publique, un dans celle de notre Château du Louvre, un dans celle de notre trèscher & féal Chevalier, Chancelier de France, le Sieur DE MAUPEOU, & un dans celle dudit Sieur HUE DE MIROMESNIL, le tout à peine de nullité des Préfentes : du contenu defquelles vous mandons & enjoignons de faire jouir ledit Expofant & fes ayant caufe, pleinement & paifiblement, fans fouffrir qu'il leur foit fait aucun trouble ou empêchement. Voulons qu'a la copie des Préfentes, qui fera imprimée tout au long, au commencement ou à la fin dudit ouvrage, foi foit ajoutée comme à l'original. Commandons au premier notre Huiffier ou Sergent fur ce requis, de faire pour l'exécution d'icelles, tous actes requis & néceffaires, fans demander autre permiffion, & nonobftant clameur de haro, charte normande, & lettres à ce contraires : Car tel eft notre plaifir. Donné à Paris, le quatorzieme jour du mois d'Août, l'an mil fept cent foixante-feize, & de notre Regne le troifieme.

Par le Roi en fon Confeil.

L'E BEGUE.

De l'Imprimerie de P. Fr. GUEFFIER, rue de la Harpe.

www.ingramcontent.com/pod-product-compliance
Lightning Source LLC
LaVergne TN
LVHW011947180726
843502LV00005B/1354